经典 历史

U0669971

中国历史上的
八大盛世时期

李默 / 主编

广东旅游出版社
GUANGDONG TRAVEL & TOURISM PRESS
悦读书·悦旅行·悦享人生

中国·广州

图书在版编目（CIP）数据

中国历史上的八大盛世时期 / 李默主编 . — 广州：
广东旅游出版社 , 2013.10（2024.11 重印）
　ISBN 978-7-80766-655-4

　Ⅰ . ①中… Ⅱ . ①李… Ⅲ . ①中国历史—通俗读物
Ⅳ . ① K209

中国版本图书馆 CIP 数据核字 (2013) 第 221443 号

出　版　人：刘志松
总　策　划：李　默
责任编辑：何　阳
装帧设计：盛世书香工作室　腾飞文化
责任校对：李瑞苑
责任技编：冼志良

中国历史上的八大盛世时期
ZHONG GUO LI SHI SHANG DE BA DA SHENG SHI SHI QI

广东旅游出版社出版发行
（广东省广州市荔湾区沙面北街 71 号首、二层）
邮编：510130
电话：020-87347732（总编室）020-87348887（销售热线）
投稿邮箱：2026542779@qq.com
印刷：三河市嵩川印刷有限公司
　　　（河北省廊坊市三河市杨庄镇肖庄子村）
开本：650×920mm　16 开
字数：105 千字
印张：10
版次：2013 年 10 月第 1 版
印次：2024 年 11 月第 3 次印刷
定价：45.80 元

出版者识

《经典历史》是一部全景式图文并茂记录中国文明历史的大书。出版者穷数年之力，会集各方力量——专家、学者、编辑、学术顾问们，在浩如烟海的历史档案、资料、著作中，探珍问宝，追寻中华文明在悠悠历史长河中的灿烂之光。此书的出版，凝聚了编撰者的心血，学术顾问们的智慧。尤其是李学勤先生，亲自动笔写下了序言，更增加了本书沉甸甸的分量。

中华文明的历史充满了辉煌与苦难，成就和挫折。它的历史无处不在，决定着我们中国人今天的思想和感情。当今的中国和中国人是中华文明的历史造就的，是中华文明的历史的延伸，也是它的一个组成部分，中华文明的历史之河奔流到现在。

中华文明是人类历史上最伟大的文明之一，是人类文明发展的主要构成。中华文明丰富、深刻、辉煌、博大，在人类文明中的骨干作用和领导作用人所共知。在人类文明的发源时期，中国就是四大古国之一，是地球上文化的策源地之一。在人类文明的早期，中华文明成为文明在东方的支柱，前后200年间，人类的汉帝国与罗马帝国这两只铁手攫住了地球。在欧洲进入中世纪的时候，中华文明更成为人类文明最主要的领导，它的文明统治东亚，传遍世界。进入近代，中华文明处于自身的重压和西方的欺凌下，但中国人民的斗争史和奋起精神是人类文明历史中不可缺少的一页。

五千年的中华文明为人类贡献出了从思想家孔子到科学技术的四大发明，从唐诗宋词到长城运河的伟大创造；贡献出了从诸子百家到宋明理学，从商周铜器到明清文学的深刻内涵；也贡献出了从五霸七强到三国纷争、从文景之治到十大武功的辉煌历史。中华文明的历史绚烂多彩，在人类文明的历史长河中永放光芒。

中华文明也是人类历史上最独特的文明，没有哪一个文明像中华文明这样持久，这样统一一致。世界上其他文明不但互相交错，其创造者也都与高加索人种有关，它们是姐妹文明。在人类历史中，只有中华文明才是独特的，它的创造者是中国土地上的中国人民，与其他任何地方的人民都没有关系，它的文化是统一一致的文化，可以不依赖于其他任何文明而生存，但中华文明也绝不是封闭的，它接受他人的文化，也承担自己对于人类的责任。

人类进入新世纪，中国的社会经济发展令世人瞩目。人们对于世界未来的政治和经济结构的估计无不以东亚和太平洋为中心，而尤以中国为重点。

经济起飞只是当代中国的一个方面，中国的精神文明建设尤为刻不容缓。如果中国要自觉地发展中华文明，要有意识地使中国的发展具有世界意义，就必须发展强有力的精神文化，这样才能使中华文明的发展进入一个新的阶段，才能形成中国和中华文明的全面现代化。

而中国的精神文化的发展植根于中华文明的伟大传统之中。进入近代之后，在西方文化的冲击下，对于中国文化的价值产生了大量的情绪化和激烈冲突的论调。"五四"运动"打倒孔家店"的口号具有冲破封建束缚的时代意义，对中国文化的发展有不容否认的正面意义，与文化虚无主义是完全不同的。文化虚无主义者否定中国传统文化，在现代化的旗帜下主张全盘西化；而复古主义则沉迷于中国文化的古董，走进反进步、反科学的泥潭。

历史的发展则超越了所有这些论点，产生这些论调的一百多年来的中国近代史已经结束。历史要求中国发展，要求中国走在全世界发展的前列。西化论和复古论都已过时，历史已经要求世界超越西方，中国可以承担起世界的命运，而中国的现实和世界的历史都说明，中国的使命在于它的发展前进，而非倒退。

中华文明走出迷惘的时代，我们这一代处在一个伟大而具有挑战的历史阶段。

总结历史、展望未来，这就是《经典历史》的意义和使命。我们创作《经典历史》，力求总结和回顾中华文明的全貌，在内容和形式上都开创一个新的局面。在内容结构上，既具有一定的深度，又具有相当的广博性，既有严谨、准确的学术价值，又有活泼、流畅的可读性。本丛书内容纳入了中华文明的各个方面，使它综合了大规模学术著作的系统性、严密性和普及读物的全面性、简易性，它既可作为大型工具书检索中华文明的各个成分，又可作为通俗的读物进行浏览。

我们从上世纪90年代初起就开始思考中华文明的历史和现实问题，并逐渐形成了编著《经典历史》的设想。在开展这项庞大的文化工程之始，我们就聘请了国内权威学者李学勤、罗哲文、俞伟超、曾宪通、彭卿云诸先生担任学术顾问，他们对计划作了充分讨论，并审阅了大量初稿。我们聘请了广州、香港地区的社会科学学者、大学教师、研究生以及我社编辑人员几十人担任稿件的撰写工作。

通过创作这部书，我们深深地感受到了中华文明的博大精深，也感受到了它的内在缺陷。中华文明具有辉煌的时期，也有苦难的年代，有它灿烂的成就，也有其不足的方面。中华文明在自身中能够吸取充分的经验和教训，就能够使自身健康壮大，成长发展。

通过创作这部书，我们也深深感受到了出版事业的使命和重任。我们希望这部书能受到广大读者的喜爱，起到它所应当起的作用，为中华文明的反省、前进和奋起作一点贡献。

目 录

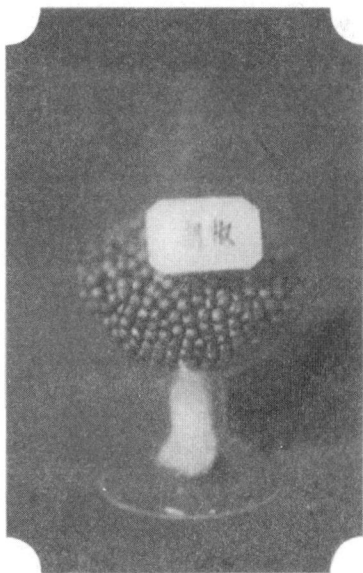

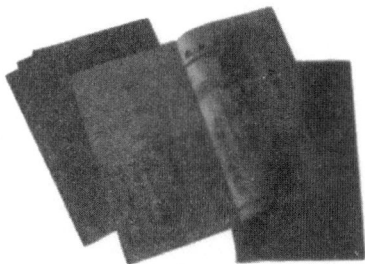

殷人迁都殷墟

商王朝从商建国至盘庚执政，历经了四次迁都。

前 1312 年—前 1285 年，阳甲死，其弟盘庚继位，为了摆脱困境，避免自然灾害，于是决定从奄（今山东曲阜）迁都至殷（今河南安阳西北），但遭到不少商民的反对。盘庚便利用宗教对商民们进行威慑恫吓，说先王们都按照上帝的意志迁了四次都，我也经过占卜，"卜稽曰：其如台"，因此迁都的计划得到上帝的允许，并不是我个人的意愿。你们要服从上帝的旨意，否则上帝就要惩罚你们祖先的灵魂。结果商民们不敢违背上帝的旨意，跟随盘庚迁至殷地。商朝从此安定下来，直至商纣灭亡，共历 8 世，12 王，273 年。

殷在前 14 世纪末至前 11 世纪作为商代后期的都城，也是中国历史上可以肯定确切位置的最早的一个都城。盘庚迁殷虽然披上一件神意的外衣，但却是历史的一大进步。盘庚迁殷成为商代的一个重要转折点。商迁殷后，政治有所改善，社会比较稳定，经济、文化都得到很大发展。约前 11 世纪周武王灭殷后，殷城逐渐荒芜，时间一久，变成废墟，慢慢被埋在地下，后人称为殷墟。自盘庚迁殷到帝辛（纣）亡国 273 年间，国号也称殷，一般也称作殷代。整个商代也称为商殷或殷商。

1930 年殷墟发掘现场

殷墟位于河南省安阳市西北郊洹河两岸，作为商王朝后期都城遗址，面积约为 24 平方公里。清光绪二十五年（1899 年），王懿荣发现了殷墟出土的甲骨卜辞，后来罗振玉、王国维等在甲骨卜辞上先后考释出殷王朝先公先王的名谥，从而证实了《史记》《世本》记载的商王朝世系是可信的，洹水南为殷墟的记载也是正确的。

从 1928 年开始考古发掘到现在，先后发现了宫殿、宗庙、陵墓和手工业作坊等历史遗迹，证明了殷墟为布局严整的商代都城，是高度发达的奴隶社会的缩影。都城大体上在洹河南岸以规模宏伟的宫殿和宗庙（今小屯村附近）为中心，周围环绕着铸铜、制骨、制陶等手工业作坊，居民区以及贵族和平民墓地；在洹河北岸以大面积的王陵区（今武官村、侯家庄一带）为中心，外围是简陋的贫民居住区。在王陵区发现了 13 座大型贵族墓葬和 1400 多个屠杀奴隶祭祀祖先的人祭坑，墓内都有大量殉葬人，如武官村大墓中殉人达 200 多人，其中奴隶多数是未成年的儿童，有的被砍头，有的被锯断手足，反映了商代奴隶制社会残酷的阶级压迫的历史事实。

殷墟墓葬内出土了大量珍贵文物，其中大多数为青铜器和陶器。司母戊方鼎为商代青铜器珍品，堪称世界铜器之最，是世界最大的青铜器。殷墟还出土了 15 万片以上甲骨卜辞，是中国目前发现最早的文字，反映了殷商文化高度发展的史实。青铜器上的铭文则反映了晚商文字的进一步发展，在商代铜器研究中具有重要价值。殷墟代表了晚商文化发展的最高水平。随着殷墟发掘的逐步深入，关于甲骨文字、人殉和墓葬制度、商代青铜器的讨论和研究逐渐开展并取得重要成果。

武丁中兴

盘庚迁殷后，商的政治、经济和文化都有很大的发展，武丁时达到商王朝最强盛时期。

武丁少年时，曾在民间居住，躬亲稼穑，体察人民疾苦。约前1271年，武丁即位后，思索复兴殷道之法，但苦于缺少辅佐大臣，因而三年不问朝政，静观民风国情。后来，一夜梦得一位名叫说的圣人，于是依其貌画成像，命令百官在国中求索，最后在傅险工地上发现此人。武丁与他相谈，果然为大贤之才，并赐说姓傅。傅说出身微贱，尚为刑徒，武丁断然擢拔为相，委以国政。同时，又举拔学识渊博的知虞（今山西平陆一带）人甘盘为辅政大臣。武丁在傅说和甘盘等众大臣辅助下，国家日益兴盛。

武丁中兴，国力强盛，于是军事上不断征战四方。鬼方是殷代北方草原地区的游牧部落，曾频频出动，骚扰殷人统治区，武丁亲自率军征讨，三年平定。舌方是殷北方另一游牧部落，在盘庚迁殷前，舌方趁殷王室"九世之乱"之机，迅速扩展势力。为了掠夺更多的生活资料，舌方不断向南游移，骚扰商朝属国，并屡屡深入商王畿西郊进行抢劫，严重威胁着商王朝的统治。

武丁像

武丁于是命武将禽和甘盘率军征伐，通过十几年征讨，终于平服舌方，舌方之地就此归入商朝版图。土方是殷代北方距离商王畿较近的又一部族，经常侵夺商地居民，曾进入商东郊劫掠两个居民聚落，武丁在征伐舌方过程中，用两三年时间消灭了土方，土方居地也成为商朝领土。羌族是西部地区的古老部落，或称西羌，分为羌方、羌龙、北羌、马羌等。武丁对西羌多次进行征伐，所获战俘，多作"人牲"，充作祭祀鬼神的牺牲。商朝南方地区有众多方国、部落，江汉流域的"荆楚"是其中最强大的方国之一。相传，武丁曾率商族武士，深入荆楚险阻之地，掳获其众，荡平其地，江汉流域也成为商朝版图的一部分。大彭和豕韦均为商朝诸侯国。商王河禀甲时，两国势力大增，不甘俯首听命于商，拒绝纳贡，也为武丁所灭。

随着战争的不断胜利，商王朝的势力在西、北、东、南急剧扩张，达到商代的最高峰，是为"武丁中兴"。

殷商甲骨文鼎盛

甲骨文是指殷墟出土的刻在占卜用的龟甲兽骨以及一般兽骨和骨角器上的文字，是商代通行的字体，又称"契文""卜辞""刻辞""龟甲文字""殷墟文字"等。

商朝灭亡后，甲骨文鲜为人知，直到光绪二十五年（1899年），清代古文学家王懿荣才认识到商代后期王朝遗址殷墟（今河南安阳市西北小屯村）出土的甲骨上的契刻文字是一种比西周金文还要早的文字。1928年至1937年，中央研究院历史语言研究所在殷墟进行了大规模的发掘，获得大量的甲骨文，特别是1936年第13次发掘的127号坑，出土了甲骨17096片，成为甲骨出土最多的一次。1949年新中国成立后至今，除在安阳殷墟外，又在郑州、洛阳等地发现了甲骨文。到目前为止，已出土了15万片以上甲骨。

甲骨文已形成一个较完整的文字体系，文字在此时的发展已相当成熟，共约有五千多单字，已显示了象形、指事、会意、假借、形声、转注等六种构字原则。可分为九种词性：名词、单位词（或量词）、代名词、动词、形容词、数词、副词、介词、连词、助词和否定词。甲骨文中，"主语——谓

记数甲骨文

甲骨文中的十进位计算法

语——宾语"基本语序固定，并有宾语前置、状语后置等句式，复杂句子的基本语法结构已与周代及周以后的语法基本一致。

甲骨文已有从一到十和百、千、万等13个记数单字，使用十进位制记数，出现四位数，较大的数字是3万。已有奇数、偶数、倍数的概念，商朝当时的人们已掌握了初步的运算技能。

甲骨文已有完整的六十甲子，用天干地支记日。有1月至12月，甚至13月的历法。如："庚午卜，大贞：王其彝，亡尤？九月。"并出现大量记时用的专名：天明前称"妹"；六点左右称"明"、"旦"或"旦明"；八点左右为"朝"、"大采"、"大食"；中午是"中日"或"日中"；14点左右是"戾"；16点左右是"小食"；"小食"以后是"郭兮"；黄昏称"小采"、"莫"；黄昏以后是"昏"或"夕"。还有日食、月食、新星的名称。

甲骨文中记有"疾首""疾目""疾口""疾耳""疾齿""疾身""疾足""疾暗""风病""龋齿"等疾病名称；记有《隶舞》《霓舞》《羽舞》等舞蹈名称；记有牛、羊、马、象、豕、鹿、麋、兕等动物名称；记有田猎的不同手段以及地名等。

从书写的工具、书法的技巧看，甲骨文也达到成熟的地步。卜辞大多刀刻，有些光有横笔或光有竖笔的现象，表明刻写者对字形的掌握已非常精熟；其中有朱书、墨书，表明当时已有毛笔，或先书后刻，或刻后填朱墨，大多都是直接刻成。甲骨文的笔划无论是粗是细，都显得遒劲、富有立体感，细

商代祭祀狩猎涂朱甲骨文。商王武丁时期牛胛骨记事刻辞，骨片巨大完整，正反两面刻辞，共有160余字。

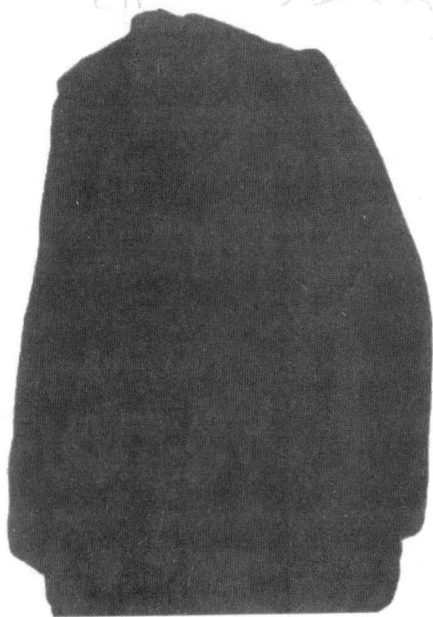

有关通讯的甲骨文

而不轻，粗而不重，轻重疾徐表现得当，反映出契刻人对字和刀掌握已相当熟练。在行款上，有左行、右行、直行、横行之别，文字结体自然灵活，布局参差错落；在风格上按时期、书写人的不同，或壮伟宏放，或纤弱颓靡，或严密整饰，都体现了很高的书法艺术。

殷商甲骨文是出自殷人的第一手史料，真实地记录了殷商社会各个领域的历史状况，内容绝大部分与商王室有关，小至商王的梦幻、耳鸣，大至祭祀、征伐、年成，都是以商王或王室为中心。当然也有一部分非王室卜辞，其中有些可能是与商王室关系密切的强大宗族的卜辞，有些可能是有封地的贵妇的卜辞。甲骨文的发现，为历史学家研究文献不足的殷商时期的历史提供了宝贵材料，在纠正史书中的讹误和印证古书等方面具有较高的学术价值。如王国维根据卜辞纠正了《史记·殷本纪》中的殷人世系，胡厚宣则根据甲骨文中一块记载东、南、西、北四方风的的名称而印证了《山海经》的史料价值。甲骨文也为古文字学的研究提供了宝贵的资料。学者可以根据甲骨文来纠正以小篆和金文为依据的古代汉字研究中所出现的错误。到目前为止，研究甲骨文的研究论著已达 3000 多种，它们与甲骨文本身一样，成为中华民族和全人类的共同文化财富。

商人创造的甲骨文，不仅为研究殷商历史和汉字的发展提供了重要凭证，而且使甲骨学的研究成为考古学分支学科之一。甲骨学的研究内容主要包括文字释读、文字内容、社会历史考证以及卜法文例、分期断代等方面。它不但对中国古代史和古文字学、语言学的研究具有重要意义，而且将对宣传中国古代文明、加强与世界各国的学术文化交流起着积极的促进作用。

八卦出现于甲骨、金文、陶文

商、西周的甲骨文、金文以及陶文中出现八卦数学符号是 3000 多年以前的事实，但直到 20 世纪七、八十年代以来才得到较初步的认识。

宋代出土的"安州六器"之一的"中方鼎"，铭文末尾有两个数字组成的"奇字"（见图甲），王黼在《博古图》中释为"赫赫"，郭沫若《两周金文辞大系图录考释》中讲"末二字殆'中'之族徽"，唐兰《在甲骨金文中出现的一种已经遗失的中国古代文字》中收集了更多的材料，认为是"特殊形式的文字"，而且是"殷和周以外一个民族的文字"，都没有揭开其中之谜。

后来李学勤在《谈安阳小屯以外出土的有字甲骨》中指出"这种纪数的辞和殷代卜辞显然不同，而使我们想到《周易》的'九''六'"，显然已经着边，但无深入考查，因此仍没引起大的注意。1978 年长春召开的古文字学术讨论会上，张政烺第一次具体地运用《易·系辞》所载八卦揲蓍法的原理，来解释周原出土甲骨文上的这类纪数符号，确认它们是八卦的数字符，并按奇数是阳爻，偶数是阴爻的原则，解释为（见图乙），经卦为（见图丙），别卦为剥和比。这在商周甲骨金文陶文的八卦字符的研究上走出了关键性的一步，并引发了学界对这一问题的深入探讨，逐步达成许多共识。

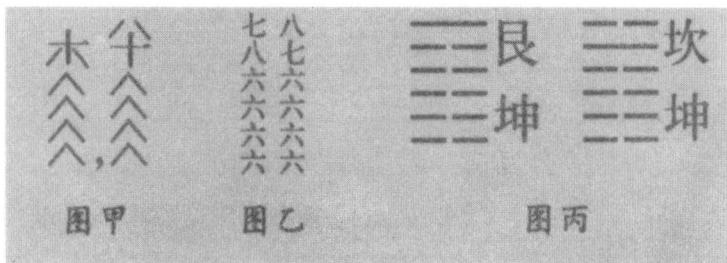

图甲　　图乙　　图丙

商、西周甲骨文金文陶文中出现的纪数符号，的确是八卦数字纪法的实证。目前已发现有八卦的器物计29件，记有36条八卦数字符号，这些符号广泛见于商和西周的甲骨、铜器和陶器上，包括青铜礼器鼎、簋、甗、卣、罍、盘，制铜器的陶范，日用陶罐，龟甲、兽骨和骨制箭镞等。而且在地域、社会阶层、时间的分布上都体现出八卦已是商周时代的流俗的特点。

从现有材料看，筮法的出现，最迟不能晚于武丁，甲骨文的"✝"是很好的证据，商代后期的重卦，有的略早于文王，有的与文王活动时代相当。组成八卦的数字都是"一""五""六""七""八"，而且早期形态的单卦符号较普遍地在西周出现，揭示出商周筮法同源，大可能"周因殷礼"，即八卦首先出现于商，后传至周。这就破除了两千多年来对于八卦起源说，特别是《史记·周本纪》记载的"文王发明重卦说"的"迷信"。

《易·系辞传下》载，"古者包（伏）羲氏之王天下也。仰则观象于天，俯则观法于地，观鸟兽之文与地之宜，近取诸身，于是始作八卦，以通神明之德，以类万物之情"，由于没有考古材料的发现，对于原始社会是否有筮法可以存而不论。

卜筮是人类在无力掌握客观规律的情况下，希望借助某种符号的变化窥测神明的意向，虽然有浓厚的宗教迷信色彩，但也保存了古代社会的一些社会生活情况，其中包含着朴素的辩证法思想的萌芽。商周甲骨文金文陶文中的八卦，已有井然有序的卦变，并出现三条平行线夹两条由两短线组成的平行线或两平行线夹三条由两短线组成的平行线的卦象。

周公姬旦奠定周礼

　　西周初年，实际掌握周朝大权的摄政周公姬旦制定了完整的周礼系统，成为西周及东周数百年间占统治地位的国家体制，并决定了人们的生活方式。这套周礼体系将商人的宗教，政治制度和周民族自己的宗族、政体、信仰传统融为一体，将新石器时代以来中国大地上的以上帝天命为主导、以宗族宗法为基础的文化发展到了顶峰，形成了青铜时代中华文明的古典形式。

　　周礼的思想基础和核心是天命观，天命是周民族的重要贡献，它与殷商民族的上帝有着明显的联系，但也有着本质的不同。周民族的天与上帝一样有意志、有感情，关涉人间事物并且决定人们行为的人格神，在一些周人的文献中甚至天与上帝合称而不分。但周礼天命观的本质是德，德是人的行为，"以德配天"是天人交合的方式，这就与殷商民族求天、祭天、问天的一元决定论有了区别。

周公测景台。周公姬旦在阳城（今河南告城镇）设台观测日影，后人称为周公测景台。这是我国最早的、保存最完整的古天文遗迹。

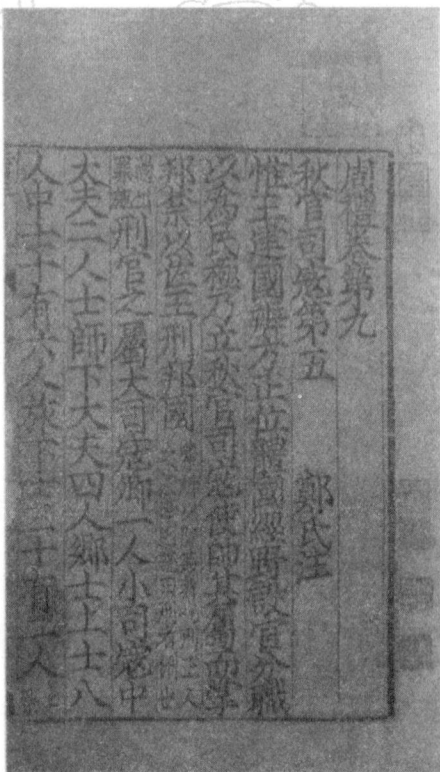

周礼书影

在历史的阐释中，周公把周人取代殷商成为统治民族归因于德，文王"明德慎罚"，德行敦厚，勤劳谨慎，具备了"德"，才得到上帝和小民的认可，被赐予王权，这不但是周人王统的理论论证，也是周公对周王朝统治构成的规定。"以德配天"肯定了人的主观努力，把它作为天和上帝对人们的作用方式，从而形成了周礼中主动的伦理学，周礼之下的统治者同人民一样不能再像殷商民族那样依靠上帝、列祖列先的恩惠和启示生活，而要主动地靠有德的生活方式来取得上天的奖赏和顾籍，"我亦不敢宁于上帝命""敬之，敬之，天维显思，命不易哉"。

由这种天、德二元基础出发，周礼形成了一系列伦理道德观念，它们成为周礼的精神和核心。周公从"敬德"出发，阐发了"保民"和"慎罚"的主张，以之作为"德"在统治上的主要规范，这一点不但是周统治的中心思想，经战国儒家张大后，也成为全部中国政权的根本规范。从"德"的各种涵义引申出"君子"，这个合德的人的概念，把"有孝有德"作为"君子"的规范，以君子为"四方之则"。"孝"与"德"并行，"孝"是传统宗族宗法观念的伦理化，"追孝"是周人用礼器中追念、祭祀先人的活动的总称，以祖先为核心的宗族观念发展为"孝"的伦理范畴。

在天命论基础和德的伦理观念之外，是一整套严格的社会制度。周人的礼是政治、宗法制度的一部分，是从这个制度派生来的人们的关系的规范，周人的政治、宗法制统一表现为宗法制与分封制。

宗法制度是规定同一祖先的后世子孙，即一宗内部成员间的亲疏、等级和世袭权利的制度。其中嫡长子继承制是以嫡长子为全宗族的大宗，旁系庶子为小宗。历世的周天子都

周公测景

以嫡长子的身份继承父位为天子，奉戴始祖，成为姬姓宗族的"大宗"，他的同母弟与庶兄弟受封为诸侯，是为"小宗"。在诸侯国内，也根据这一原则，由嫡长子继位为下一代诸侯，成为封国内的"大宗"。其诸弟则被封为卿大夫，是为"小宗"。卿大夫在自己的采邑内，也实行嫡长子继承制，成为采邑内的"大宗"，其诸弟则为士，是为"小宗"。士的长子仍为士，其余诸子则降为庶人。

与此同时，周初进行了大分封，周天子将其子弟、亲戚、功臣等分封到全国各地，并授予相应的土地和人民，在分封国中，以周王室同姓贵族为主，其中尤以文王、武王及周公的子孙为多，非姬姓的齐（姜尚）、宋（微子）等也与周王室关系密切。

西周封国中，同姓国是主体。对于异姓功臣封国，周室也通过缔结婚姻的方式，把它们纳入了"以蕃屏周"的轨道。

被封的诸侯，在本国内也进行同样的对其属下的分封。诸侯所封的人，基本为其同族，也有少数异姓，他们得到采邑，是为"卿大夫"。卿大夫继续分封，受封者即为"士"，有食地，士以下不再分封。这样自上而下层层分封

的结果，就形成了宝塔型的贵族统治结构。这个统治结构井然有序，从而有效地加强了周王室对全国的控制，稳定了统治秩序，这不能不视为周朝政治制度建设上超越商人的一个重大进展。

宗法制与分封制决定了周代政治和社会生活的格局，它将天命、君权、宗族关系与政治结构融为一体，并由此完善地形成了朝聘会同的礼制和雅乐体系，在新石器时代开始形成的中华文明在青铜时代的鼎盛期达到了完美的形式。

相应于礼制，周王朝还形成了以太师、太保为首脑，以卿事寮为中心，以其属官"诸尹"为基础的中央官制，并在礼制实行中逐渐凝固出一系列习惯法形式，以礼为依据，以誓、法、令第命为形式，以刑作罚的法制形式固定下来。

周勃、陈平安定汉室

汉高后八年（前180年）九月，周勃、陈平等人平定诸吕叛乱，使汉朝统治大权重新回到刘氏手中。

刘邦死后，吕后违背"非刘氏而王、天下共击之"的盟约，极力培植吕氏势力，先后分封吕台、吕嘉、吕产、吕禄、吕通等为吕、赵、燕等郡国国王，又封吕种、吕平等为列侯，并让吕刘互通婚姻，希望以此确立吕氏、刘氏和功臣集团的联合统治地位。但是，忠于刘氏的元老重臣对吕后的行为很不满，吕后也对此放心不下，临终前又任命吕产为相国，吕禄为上将军，掌握军政大权。高后八年（前180年）7月吕后病死，9月，诸吕欲聚兵叛乱，夺取政权，刘章得悉消息后，派人密报其兄齐王刘襄，要齐王发兵向西进攻，以大臣为内应，消灭诸吕，拥立齐王即位。齐王随即调集全国军队，打着"率兵消灭不应当为王的人"的旗号发兵西进。相国吕产派遣大将军颍阴侯灌婴率兵迎战，灌婴本来是忠于刘氏的功臣集团的重要人物，率兵到荥阳后，安营扎寨，并派人与齐王联合，拥兵自重，以等待吕氏之变。

此时在朝廷内部，周勃、陈平等密谋策划，派人说服曲周侯郦商，并让其子郦寄去劝说吕禄将兵权交给太尉周勃。郦寄劝诱吕禄说："高帝与吕后共定天下，刘氏所立9王、吕氏所立3王，都是大臣们所议定的，并布告于天下。现在太后已死，你作为上将军且拥有赵王之位，率兵留在此地，只会引起大臣诸侯疑忌，不如回到封国镇守藩国，将军队交给太尉，还请梁王吕产交出相国印，与大臣订立盟约，返归封国。这样的话，齐王一定会停止进兵，大臣们也可以放下心来，你也可高枕无忧做你的郡国王。"虽然吕禄深以为是，但吕产和诸吕老人有的以为可行，有的以为不可行，因而犹豫不决。此

陕西咸阳杨家湾出土的西汉步兵持盾陶俑

时襄平侯纪通掌管符节，于是持节假传命令让太尉周勃进入北军。吕禄以为少帝已派太尉守北军，于是解印将兵权交给周勃。周勃进入军中号令："拥戴吕氏的祖露右肩，拥戴刘氏的祖露左肩！"军中士卒都祖露左肩，呼声震天，周勃遂统领北军。接着，周勃命令朱虚侯刘章率兵千余人以进宫警卫皇帝为名，伺机捕杀统率南军的吕产。刘章在未央宫中击杀吕产，后又捕杀吕禄，并分派人手去捕杀诸吕，不论老少一律处死，至此，吕氏集团被剿灭，统治大权又回到刘氏集团手中。

诸吕之乱平定后，周勃、陈平等大臣密商选立皇帝。由于少帝不是惠帝亲子，无权承继大统。齐王刘襄为汉高祖刘邦长孙，但是其舅驷钧为人阴毒，大臣们接受了吕氏正因为外戚险恶而几乎危及汉家江山的教训，也将其排除在外。最后，大臣终于选定代王。因代王在汉高祖现存诸子中年龄最大，而且为人仁孝宽厚，其母薄氏也为人谨慎善良，因此由代王继承帝位最为合适。于是，大臣们暗中派人迎代王入长安即位。闰9月，代王刘恒一行由代到长安，在群臣拥戴下代王即皇帝位，即太宗孝文皇帝。文帝即位后大赦天下，积极推行休养生息政策，开创了汉朝盛世。

汉文帝诏举贤良

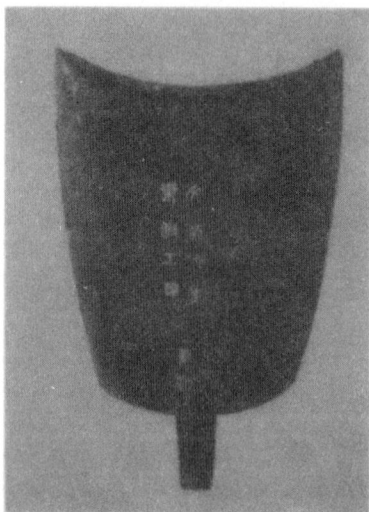

文帝九年编铙

汉文帝二年（前178年）11月，文帝诏令天下推举贤良、方正、能直言极谏的人士。

贤良方正即指品行德操出众之人，文帝认为，君主的职责在于养育管理百姓，治理天下，使天下太平在于皇帝一人，皇帝如不能治理好百姓并让百姓过上安稳的生活，那就是很大的过失。因此下诏让天下推举贤良方正、能直言极谏之人。以广开直言之路，发现和补救皇帝在治理国家中的过失。汉朝举贤良方正以此为开端。

一般认为，作为选用官吏的中国古代察举制度始于文帝二年的诏令。到武帝时形成了较为完备的选官制度。此后两汉诸帝大多颁行过类似的诏令。文帝通过此一诏令，搜罗了一大批民间人才。作为汉朝补充官员队伍的途径之一，这一措施在其推行的休生养息、稳定社会、发展生产的政策方面发挥了一定的作用。

中国和罗马建立交往

166年，罗马安东尼朝皇帝马可·奥理略（161年—180年）派遣使者自埃及出发经由印度洋，到达汉朝统辖下的日南郡登陆，然后北赴洛阳，开创了中国、罗马两大国直接通使的纪录。《后汉书》对此事有记载，称这次使节是安敦王所派，这是罗马和中国第一次正式建立外交关系。

罗马在汉代被称为大秦，意即泰西（极西）之国，又称海西国。西汉时代，罗马帝国崛起后使地中海世界的政治形势迅速改观，新兴罗马帝国占领了叙利亚和埃及，根据2世纪罗马史家佛罗勒斯写的《史记》，可知奥古斯都时代赛里斯人和地处太阳直照下的印度人，都派使者到罗马订结盟约，可见罗马在当时所处的地位很高。

自奥古斯都时代起，罗马为了开展对印贸易，获得中国的生丝和丝布而积极发展红海航运。

公元1世纪到2世纪，沿着丝绸之路，自东而西出现了汉帝国、大月氏、贵霜、安息和罗马五个大国。88年，西域长史班超在和莎车的匈奴势力角逐时，曾和已是罗马和中国贸易重要桥梁的大月氏联盟，大概从那时起中国才从官方渠道正式获知罗马这个国家。

出于经济和外交上的需要，东汉王朝决意谋求和罗马的直接建交。公元97年，班超派甘英出使大秦。至安息西界于罗时，由于安息海商的婉言阻拦，没有达到寻求通往埃及亚历山大里亚海路的目的。但中国使者的到来，引起了红海彼岸的莫恰（今也门木哈）和阿杜利（今埃塞俄比亚马萨瓦港附近）与中国缔结盟约的愿望。公元100年，他们派使者到东汉首都洛阳，向汉和帝进献礼物。汉和帝厚待两国使者，赐给两国国王代表最高荣誉的紫绶金印，表示了邦交上的极大诚意。此举激励了罗马，半个世纪之后，罗马正式派使者出访中国，两大国正式建交。

罗马使者东来的航路，遵循着以南印度为枢纽的海上丝绸之路，从此，

罗马出土的汉代绢

罗马货物通过海路直运南中国的越来越多。据公元 240 年左右写成的《魏略》，罗马世界的物产，即亚历山大（今埃及）东方贸易的货单，可归成金属制品、珍禽异兽、珠宝、织物、玻璃、香药六大类，共 83 项，这些货物正是罗马世界向中国的输出物。

罗马不仅成批输送货物进中国，也大量进口中国货，主要为：衣料、皮货和铁器。

中国的衣料曾使罗马人叹为观止，后来随着丝帛从中国的源源西运，丝织品日益盛行，丝织业也大有起色，丝织衣料渐由妇女推广到男子。那不勒斯和罗马城郊的台伯河上都有丝绸商人，在罗马城内托斯加区也曾开设丝绸商场。在丝绸西运进入罗马世界第一大站的叙利亚东部沙漠的巴尔米拉，曾出土东汉时期的汉字纹绵。中国的丝绢和各色锦缎风靡罗马世界之际，高超的丝织技艺也在汉魏时代传入伊朗、叙利亚和埃及，在西汉时代已使用的提花机，1 世纪初便在西顿丝织业中出现，至少在 3 世纪已被埃及采用。

中国的铸铁和丝绸同享盛名。罗马人首先是在和帕提亚的战争中，认识到中国钢铁的厉害。中国弓弩，像战车一样，特别吸引罗马军人，曾使罗马为之神往。

罗马奥古斯都时代的诗人和学者，常提及赛里斯国来表明自己知识的广博。博物学家普林尼的著作中，中国衣料与人类潜入红海海底去取珠宝、深入地心寻找碧玉、劈山挖出大理石一样，是令人惊讶的奇事。大诗人维吉尔的困惑——中国人竟从树叶上采下纤细的"羊毛"，也是几个世纪中不知养蚕缫丝的罗马人难解之谜。14 世纪中叶的罗马史家阿米安·马塞林纳在《功绩》中，则用欣羡的语气叙述中国人在优良的环境中生产丝绢。由此可以看出古罗马人对中国文化的向往态度。

而后随着阿拉伯、突厥帝国的兴起以及欧洲中世纪的到来，中西交往中断了。汉帝国与罗马的交往是古代世界中西交往的黄金时代，意义重大。

汉代铜器更富有装饰性

汉代是我国青铜器发展的最后一个阶段，商周时期发达的青铜铸造业，伴随着冶铁业的兴起，走向没落，成为其他金属工艺的附属品，向着更富装饰性的方向继续发展。其铸造和加工工艺也日臻完善。

在造型上，彻底摆脱了商周铜器的庄严、古朴、凝重的风格，向灵便、轻巧、适用发展，同时，品种繁多，用途十分广泛，汉代的青铜制品包括各种容器，烹饪器，用具，兵器，乐器，度量衡器，等等，相对来说，礼器的比重大为减少，生活用品猛增。从容器的种类和器形上看，前代的许多器物已绝少生产，而出现了样式繁多的铜灯，如"高灯""行灯""雁足灯""鹿卢

汉豹镇

铜鼓之王。广西北流出土的这只铜鼓，是目前世界上已知的最大铜鼓。

灯"等，另有制作十分精巧，形状特殊的灯具，如出土于河北省满城汉墓的"长信宫灯""朱雀灯""羊灯""当户灯"，广西合浦汉墓的"凤鸟灯"，甘肃武威雷台汉墓的"十二枝灯"等，和其他许多用具一样，造型精巧别致，颇富装饰性。

　　其加工工艺的进步，表现在嵌错工艺和鎏金工艺的广泛应用上，前者是在铸造好的铜器表面嵌入其他材料的丝片，再用错石将其表面磨平，构成纹饰或文字，嵌入丝片包括红铜、宝石、金、银等，通过不同材质颜色的对比，

汉云南滇人贵族贮币用器。器为失蜡法铸成，人兽等均为先铸成后再安装的，工艺复杂。

使纹饰鲜明而美丽。河北平山中山王墓出土的一对嵌红铜，错松石的方壶，嵌入的红铜丝细如毛发，图案精美绝伦，堪称代表。后者是将金粉和汞的合剂涂在青铜器表面后烘烤，使汞蒸发，金附着在铜器表面，使铜器外表色泽金光夺目，富贵华丽，且能防止它表面氧化。河北满城窦绾墓出土的"长信宫灯"就是这种工艺的杰作。

此外，镂刻工艺也被广泛应用，出土于湖南、广东、广西等地的汉代铜器上，呈现出细致、流畅的各种镂刻花纹，包括兽类、鸟类和几何图案。铜镜更是争奇斗艳，不仅造型别致，而且图案多样，花纹简洁、明丽，铭文清晰，既美观又实用，这无不说明汉代铜器更具装饰性的特点。

终结期的汉代青铜器，以其独具的风格和更富装饰性的特点，为我国青铜器制造业写下了最后的辉煌。

司马炎称帝改制

泰始元年（265年）12月13日，司马炎设坛南郊，燔柴告天，逼迫魏帝曹奂退位，自称皇帝。司马炎，字安世，司马昭长子，逼迫曹奂退位后，封其为陈留王，改魏为晋，史称西晋，改元泰始，建都洛阳。本年12月司马炎分封宗室27王，把司马氏宗室都分封为王。司马炎泰始分封，基本上承后汉之旧，君国而不君民。王国地不过一郡，王国的相由朝廷任命，与太守无异。国中长吏由诸王自选，财政不能自己擅作主张。

同年12月19日，置中军将军以统御宿卫七军。又置谏官，以规劝皇帝。泰始二年（266年）12月，因屯田制难以继续，晋武帝司马炎下诏书命令罢农官，改农官为郡太守或县令，正式废除民屯，其所辖的屯田区即改属相应的郡、县，屯田民

晋武帝司马炎像

西晋州郡简图

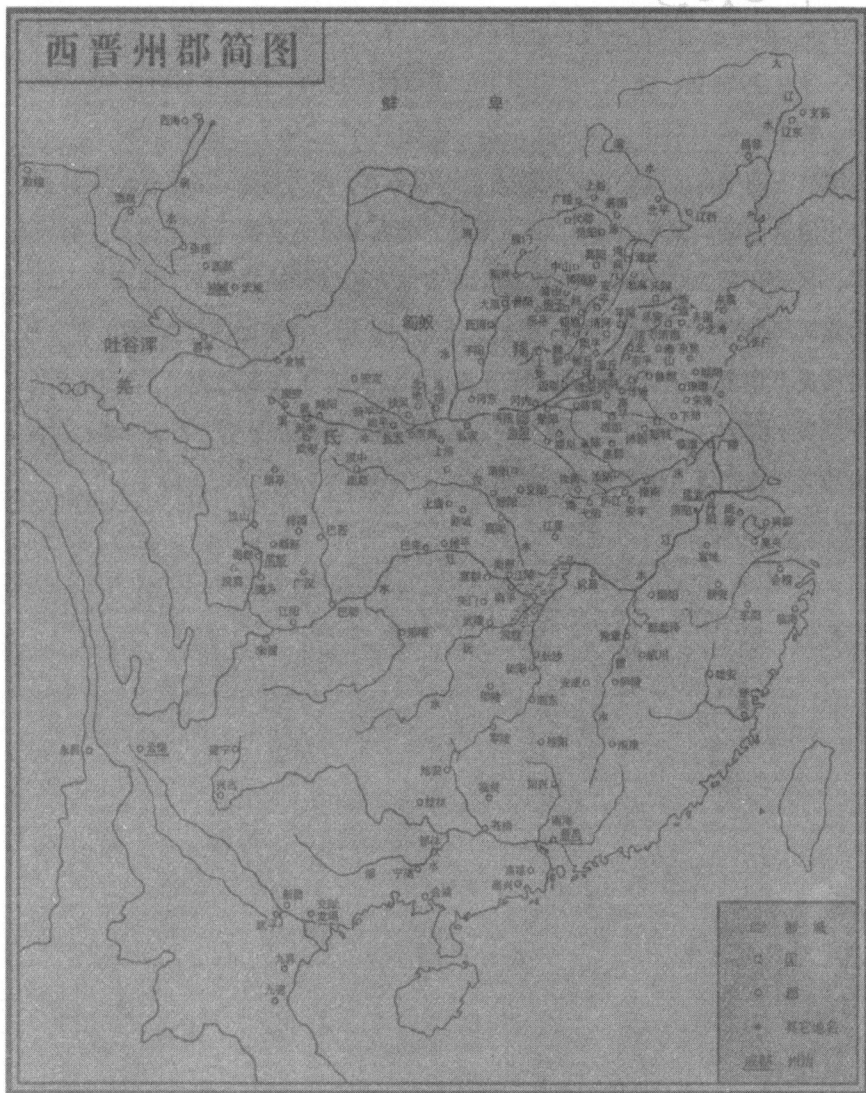

一部分转化为国家的编户，一部分成为私人的佃客。司马炎罢农官以及屡次责令郡县官劝课农桑，严禁私募佃客，在客观上起了促进生产发展的作用。

泰始四年（268年）正月，贾充主持修订的新律修成，依汉律9章增11篇，合20篇，620条，都是稳定性的条文，以正刑定罪，不入律的临时性条款，都以令施行，律、令共2926条，此外，又以常事品式章程为故事，各归本官府执掌。晋律、令、故事，成为后世法律形式范本。泰始二年（266年）、四年（268年），司马炎屡次下诏书责成地方官必须致力于省徭务本，并力垦殖；务必使地尽其利，禁止游食商贩。泰始五年（269年）10月，汲郡太守王宏执行政策得力，引导有方，督劝开荒5000余顷，在饥荒年许多地方粮食欠缺的情况下独汲郡不缺，为此司马炎特下诏表彰王宏，鼓励天下官民垦田。晋泰始四年（268年）11月，司马炎下诏要求王公卿尹及郡国守相，举贤良方正直言之士。12月，颁五条诏书于群国：一正身，二勤百姓，三托孤寡，四敦本息末，五去人事。至此，司马炎大致完成了称帝改制的任务。

"贞观之治"形成

贞观年间，太宗推行"偃武修文"，使百姓安乐的方针，采取轻徭薄赋、整饬吏治、健全法制等政策，努力做到虚怀纳谏，知人善任，以古为镜，取得显著效果，社会上一度出现"天下大稔，流散咸归乡里，米斗不过三、四钱，终岁断死刑才29人。东至于海，南极五岭，皆外户不闭，行旅不离粮，取给于道路焉"的兴旺景象。后人誉之为"贞观之治"。

唐太宗李世民亲自经历和目睹了隋王朝的腐朽和残暴，通过对这一历史教训的深刻总结，制订和推行了丰富的、比较顺应当时历史发展要求的政治思想和政策。隋末人民的揭竿而起迅速瓦解了隋王朝的统治根基，使他看到了民众的力量，认识到只有重民保民，使人民安居乐业，才能巩固自身的统治。这成了他政治思想和政策的出发点。他常说君主是舟，人民是水，水可以载舟，也可以覆舟。因而解决人民吃穿问题，缓和阶级矛盾成了贞观初年最为迫切的任务。

四铁人。汉民族的形成实际是多民族交融的结果。从这四尊铸于唐代，原立于山西蒲津渡桥头的铁人也可看出这一点。这四尊铁人分别代表了当时四个周边民族，正是他们给以中原为活动中心的汉民族注入了新鲜血液。

在长达十年的社会动乱和战争之后，唐初经济凋蔽，城乡呈现出一派残破景象，人民生活十分困苦，国家财政也严重拮据。为了改善财政状况和人民生活，唐太宗首先实行了轻徭薄赋，与民休息的政策。当时恢复和发展农业

生产的最大困难就是劳动力的严重不足，他采取了许多积极措施，如招徕、赎还隋唐之际流落到沿边各少数民族地区的汉人和被掠去的汉人，奖励男女及时婚嫁，提倡鳏寡婚配，以达到繁殖人口的目的，人口因此迅速增长。

与此同时，唐太宗大力倡导节约国家财政支出，为此采取了合并省州县，精简吏员，完善府兵制等措施。他反对隋炀帝侈奢糜烂的生活作风，放免宫女3000余人，不仅节省了宫廷费用，也使这些幽闭深宫的女子得以婚配，产生了良好的社会和政治效果。为了节省开支，唐太宗尽量避免和减少战争，以紧缩军费支出，有力地保障了农民安居垅亩，发展了农业生产。

亲疏并举、德才兼备的人才政策是唐太宗政治统治的重要保证和基础。从战争年代起，他就注重搜罗和使用各类人才，将自己政敌李建成的幕僚魏征予以重用，贞观年间的许多政策的制定都是魏征参与和策划的。当他任用房玄龄、杜如晦为丞相时，非常了解其优点和弱点，恰当地把他们的优缺点互为补充，以利于国家。

为了集思广益，纠偏补过，唐太宗建立了一套比较完整的监察和谏官制度，谏官直接参与政事，五品以上的京官在中书内省轮流值夜，以便随时召见，询访外事，讨论政教得失。魏征就是当时最有名的"诤臣"，他性情抗直，敢于谏诤，即使惹怒唐太宗，他也神色不改，据理力争，凡有所谏，多被唐太宗采纳。从而朝廷上下形成了一种敬贤纳谏的政治风气。唐太宗还采取一些手段奖励和笼络臣下，提高其政治热情和参政议政的积极性。在唐太宗统治的时代，科举制度得到了恢复和完善，并且最终定型下来，成为贯穿整

唐太宗李世民《晋祠铭》

个封建社会后期的官吏选拔制度，通过这一手段，使各阶层的优秀人才得以进入政治统治集团，使知识分子有了仕进的方便之门。

在政治统治中，唐太宗李世民特别重视伦理教化，将其作为巩固统治的精神支柱，而"仁义"则是国家盛衰、治乱的重要标志，以儒家思想为基础，建立封建等级制度和伦理道德规范，在推行礼治的同时却并不忽视法律建设，制订和实施了一系列法律、法令，我国古代最完备的法典《唐律》就是他授意房玄龄、长孙无忌修订的，表明其对刑罚还是相当重视的。

通过这一系列的政治、经济和军事政策的制订和推行，唐初政治空气开明而清廉，生产力得以迅速发展，经济空前繁荣，社会安定，人民获得了一个较为安定的政治环境，能够安心地从事劳动生产，从而创建了中世纪少见的文化灿烂、国力鼎盛富强的景况。

唐太宗纳谏图

"开元盛世"出现

　　开元（713年—741年）是唐玄宗统治前期的年号，这个时期唐王朝国势强盛，封建社会在各方面都达到了前所未有的太平盛世状况，史称"开元盛世"。

　　玄宗李隆基在长期的宫廷斗争中，造就了敏锐的政治头脑和超人的政治才干。710年，他诛杀准备谋反的韦后和安乐公主，713年，他又镇压了预谋发动宫廷政变的太平公主。一连串的宫廷事变促使他下定决心整顿统治集团。从开元二年（714年）起，他陆续把诸王派往偏远的州做刺史，州务实权则交给长史、司马。另一方面又对诸王不加谴责、恩私如初，他的恩威并用使诸王没有借口，也没有能力发动政变。在抑制权贵上，玄宗更是严格执法，很少宽假，以至皇后妹夫长孙昕因殴人也被立即处死。上行下效，许多地方官吏也勇于同权贵的不法行为做斗争，保护百姓利益。玄宗及其臣下抑制不法权贵的行动对于稳定社会秩序，加强中央集权产生了良好的影响。

唐开元铁牛。山西黄河蒲律津桥的唐开元铁牛，是盛唐冶炼业、制造业及雕塑工艺耀眼夺目的代表作。桥两端铁牛共8尊，每牛重量3万公斤左右。这是"开元盛世"留下的具有说服力的实物见证。

　　玄宗效法唐太宗，注重用贤和纳谏，对于朝中名臣，玄宗区别对待。他先是重用能犯颜直谏又忠心为国的姚崇、宋璟、苏颋、张说等人为相，倾心从谏，对宋璟的谏诤，"玄宗素所尊惮，常屈意听纳"（《新唐书·宋璟传》）。姚崇，宋璟后称"姚宋"，与初唐名臣房、杜齐名。苏颋和宋璟同时为相却甘居辅佐地位，相让为国。这就使玄宗的统治核心能上下一心，励精图治。玄宗对朝三暮四的政客则远调或罢官，消除了朝廷内部的不安定因素。

　　玄宗还裁汰冗官，改革吏治。针对武则天时造成官僚机构严重膨胀的情况，他先是撤销冗官数千人，以节约开支，解决财政困，开元五年（717年）又恢复谏官、史官参加宰相议事的制度，这样谏官、史官也能参加皇帝与宰相的议事会议，朝中议事的透明度大大提高了。玄宗还很重视地方官的选拔，曾亲自对新任职的县令进行考核，并把不合格的45人驱逐回去。为了从根本上澄清吏治，玄宗制订了《开元格》《开元新格》等，又派人编纂了系统完整的行政法典——《大唐六典》，这对惩治贪官、稳定社会秩序提供了强有力的法律保证。

　　在经济方面，为了增加财政收入，玄宗主要采取了四项措施。首先，打击豪门士族，争夺土地劳力。豪门士族不但侵占农民田地做为"私田"，控制逃亡农民做为"私属"，且不向朝廷交田税和人头税。玄宗在政权稳固之后，采取检田括户等措施，收回大量私田，分给无地农民使用，既增加了国库收入，也缓和了社会矛盾；第二，改革食实封制度，以增加政府财政收入，

宋摹本唐张萱《捣练图》。此图分组描绘宫中妇女加工白练，依次为捣练、织修与熨平。所绘十二人，或长或幼，或立或坐，神情姿态各异。张萱，长安人（今陕西西安），盛唐时期人物画家。擅画贵公子、妇女、儿童，《宣和画谱》称其"于贵公子与闺房之秀最工"。"又能写婴儿，此尤为难"。

减轻人民负担；第三，玄宗打击佛教势力，淘汰僧尼。武周、中宗大力扶持佛教，广建庙宇。寺院僧尼不仅兼并土地，而且逃避税役。714年，玄宗令1.2万余僧尼还俗，还禁造佛寺，禁铸佛像，禁抄佛经，沉重打击了佛教势力，扩大了中央政府的税源；第四，发展农业。玄宗采取与民休息的宽容政策，扩大耕地面积，大修农田水利，并且移民边疆，屯田生产，农业十分发达。杜甫的《忆昔》诗"公私仓廪俱丰实"就生动地描写了开元盛世时农业的发达。

玄宗实行和解的民族政策，以改善民族关系，维护国家统一。对东突厥大搞边境贸易，进行经济交流；为了改善和奚族、契丹的关系，还把两个公主嫁给奚族、契丹族两个首领。姚崇、宋璟都熟谙军务，一方面加强军备，一方面安境息民，还严防边将穷兵黩武，轻启边衅。开元年间和睦的民族关系对于社会稳定和经济发展起很大的促进作用。

由于唐玄宗采取了上述积极的政治经济措施，加上广大人民的辛勤劳动，唐王朝在各方面都达到了很高的水平，国力空前强盛。几十年间人口增长到5290余万人，有了大幅度的增长；农业十分发达，即使是开元三年还"沙碛悠然"的陇古地区，到开元末期也已经"桑麻翳野"了。手工业方面的瓷器、漆器、造纸均超过前代，"唐三彩"更是名扬海内外。唐代的商业也很发达，国内交通四通八达，城市极为繁华，对外贸易不断增长，波斯大食商人纷至沓来，长安、洛阳、广州等大都市商贾云集，各种肤色、不同语言的商人身着不同的服装来来往往，十分热闹。中国封建社会达到了全盛的阶段。

文宗励精求治·朝野气象一新

　　唐宝历二年（826年）12月，文宗（李昂）励精求治，朝中气象一新。李昂为王时就深知穆宗、敬宗两朝的弊端，即位后，他励精求治，想要有所作为。宝历二年（826年）12月，道士赵归真、僧惟真等，以及敬宗朝的佞幸之人，都被流放到岭南（今广东、广西），击球将军于登等6人由本军处置。其次，文宗去奢求俭，下诏放宫女3600余人出宫，并将大部分五坊的鹰犬放掉；内诸司敬宗滥加的衣粮被停止供应，翰林、总督各职位下面的冗员被裁减1270人。

　　此外，文宗还整饬吏治，提高行政效率。他每逢奇日视朝，和宰相群臣议论政事。太和元年（827年）2月，文宗命令各节度使、观察使离任、上任的当天，要出具交割公文，新官上任1个月内要了解下情向上汇报作为考核依据。六月，文宗又规定朝参不到的官员，要受到罚款的处置。

　　文字登基后，朝中气象一新，人们都认为太平盛世指日可待。

毕升发明泥活字

庆历年间（1041年—1048年），毕升发明活字印刷术，实现人类印刷史上一次伟大变革。

毕升的生卒时间、籍贯及经历不可考。据《梦溪笔谈》卷一八载：毕升用胶泥刻字，字的厚度薄如铁钱，每字一印，用火焙烧使之坚硬而成活字。排版时，先在铁板上放置松脂、腊和纸灰，铁框排满活字后，再在火上加热至药熔掉，用一块平板按压字的表面，使整版字平如砥，即可印刷。"若止印三二本，未为简易，若印数十百千本，则极为神速"。为了提高效率，通常准备两块铁板，一块用来印刷，一块则可排字。第一块印完后，第二块已准备就绪，这样可以交替使用，瞬息可成。每个字有几个字模，特别像"之"、"也"等字字模多达20个，以防同板内重复使用。如果有奇字，旋刻之，用草火烘烤，一会儿就能用。

活字印刷的优点主要是减少了反复雕刻字模的过程。雕版印刷时，每种书都要自刻一套印版，用过即作废，而泥活字印刷便可印刷许多书籍而不会磨损字模，从而大大提高印刷效益。后代的木活字、铜活字、铅活字均由泥活字发展而来。毕升发明泥活字，比德国丁·谷腾堡发明铅活字早400多年。活字印刷术的发明，是一次印刷史上的技术革命，在人类文明史上起过里程碑式的重大作用。

毕升像

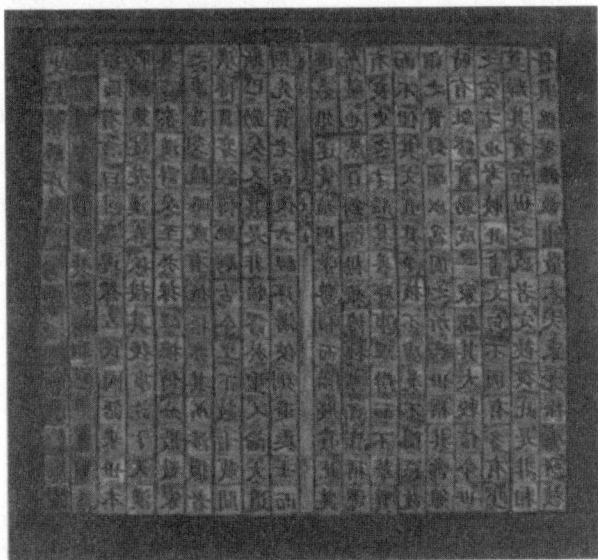

北宋泥活字版

中国出版业全面发展

宋代，图书出版事业得到全面发展，进入了一个黄金时期。经济、文化的空前活跃和繁荣，图书生产手段日趋完善，使得图书的生产规模和生产数量取得惊人进展。各地都开始出现雕版刻书机构，并形成分布于中原、西南、东南的四大刻书中心，全国性刻书网络以官刻、坊刻和私刻为三大主干力量，开创了空前的繁荣景象。

政府刻书业称官刻，建隆四年（963年）颁行的《重门宋刑统》是宋代官刻第一部书，也是我国历史上第一部官方刊印颁行的法典，对宋代早年全国律令的统一、法制法规的建立有重要意义。后来，为顺应民间尊崇佛教的风气，政府又在四川成都开雕《大藏经》，即是佛教上著名的《开宝藏》，共计13万版片，1076部，是有史以来第一部刊印的汉文佛教总集。

宋朝政府在发展刻书业的同时也建立和完善各级刻书机构。中央主要刻书管理机构是国子监，同时又是国家教育管理机构和最高学府。国子监出书注重质量，刻书内容除翻刻五代监本十二经外，还编刻九经的新旧注疏。从宋代建国初到景德二年的40余年里，国子监雕版数量增长25倍，其中有大量史书，《三史》（《史证》《汉书》《后汉书》）《三国志》《五代史》等，司马光主编的《资治通鉴》也曾镂版印刷。国子监也刻印了许多医书，类书、算书、文选等也有校录。中央刻书机构还有秘书监、崇文院、太史局、校正医书局等。各级地方政府也竞相刻书，并且常请知名学者担任校勘，故刻印质量都属上乘。地方官刻也是宋代官刻的主要组成部分，在宋代官刻中发挥过重要作用。尤其是宋朝南渡后，旧存开封国子监版全遭毁弃，在恢复和重建过程中，国子监调集地方书版或依靠地方力量搜集书籍版进行刻印。

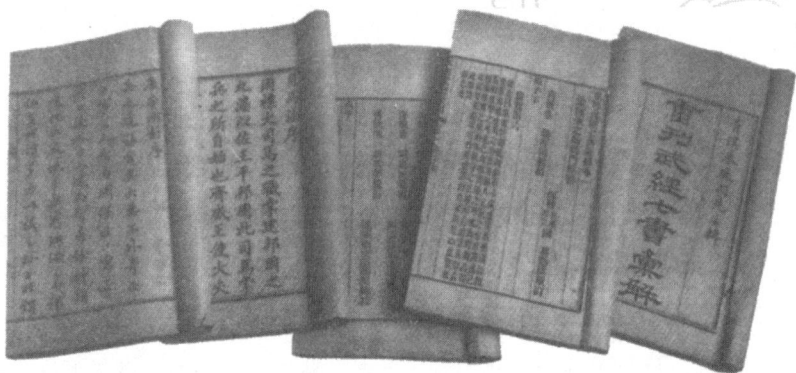
宋代《武经七书》，是中国官方颁布的第一部军事教科书。

书坊刻书称坊刻，书坊又称书肆、书林、书堂、书棚、书铺、经籍铺、书籍铺，是卖书兼刻书的店铺作坊。书坊规模增大，遍布全国，以开封、杭州、建阳麻沙等地最为集中和有名。这些书坊以刻印出售书籍为业，以营利为目的，拥有写工、刻工、印工等，雕版、印刷、装订等生产手段齐备。有的坊主本人就是藏书家或编辑，能集编辑、出版、发行于一身，因此使坊刻书名目新，刻印快，行销广。坊主还常刻意翻新版刻形式，客观推动了版刻技术的发展。

两宋有很多著名书坊，尤以临安陈起父子睦亲坊和建安余氏刻书世家最有名。陈起有颇深的文学艺术造诣，曾为江浙文人编印诗集《江湖集》，还刻印了不少唐人诗集，他的刻印质量精美，是坊刻中的上品。建安余氏刻书百年不衰，官刻之书也不少由其承刻。鲁迅曾在《中国小记史略》中高度评价余氏刊本。坊刻书内客广、涵盖面大，迎合不同阶层的文化需要，比起官刻和私刻又有刻印快、发行量大、行销广等优势，促进了图书的广泛流传，也促进了文化的普及发展。但因为坊主追求营利，印书质量往往参差不齐。

私家刻书则称私刻或家刻，是指不以卖书为业，由私人出资校刻书。两宋时私刻很多，刻书人注重声誉，总是选择优秀版本作底本，且极注重校订、镂刻的质量，因此所刻之书大多是上品。如临安进士孟琪所刻《唐文粹》、京台岳氏所刻《新雕诗品》等都一直受到推崇，尤其南宋廖莹中刻印的《昌黎先生集》和《河东先生集》历来被誉为神品。

私刻也包括家塾本，是富贵之家的私塾教师依靠主人财力刊刻的书籍。私塾教师中不乏真才实学之人，他们或著述、或校勘、或注释、或阐发前人著作，质量较高，具有学术性强和校刻精湛的特点。著名的善本书"庆元三史"（黄善夫本《史记集解索引正义》《汉书》和刘元起本《后汉书》）、岳氏本《九经》《三传》等都是家塾本。

总的看来，发达的刻书事业体系和完善的刻印网络已在宋代形成。其刻印内容很广，反映了社会文化的各个方面；精湛的校刻为后世留下许多珍贵善本；强大的刻印力量促使许多大部头著作问世；拥有足可雄视前代的刻印数量。我国古代图书事业由此而跨入了全盛时期。

李唐绘画承前启后

南宋画家李唐一变北宋山水画风格严谨的格局，开启南宋水墨山水画笔墨苍劲、造型简洁的新面貌，在两宋绘画史上起到承前启后的作用。

李唐，字晞古，河阳（今河南孟县）人。北宋徽宗时画院画家，金兵攻破汴梁后，他辗转到了临安（今杭州），流落街头，以卖画为生。建炎年间，得到太尉邵宏渊推荐而重入画院。李唐之画，颇得宋高宗赵构赏识，认为可与唐代著名画家李思训的金碧山水相媲美。

李唐擅长于山水、人物、禽兽、界画，尤精于水墨山水和人物。山水师法于荆浩、关仝、范宽而有所变化。山石四面厚峻，山顶林木茂密，墨气厚重，皴法老硬，用笔刚劲缜密，再现了北方山水的峭拔雄浑。到江南以后，用墨更加淋淳畅快，爽利简略，以表现江南的山明水秀，云烟变幻。在布局上，多取近景，突出方峰或崖岸，他改变了以往全景式山水的构图法，采取了顶天立地的方式，突出描绘自然山水的一角。这些都开了宋代山水画新风。李唐的人物画表现了强烈的感情，寄托了对祖国河山的眷念和复仇雪耻的愿望。

李唐作品现有《万壑松风轴》《长夏江寺图》《江山水景图》《采薇图》《晋文公复国图》等。

《万壑松风图》作于 1124 年，时年李唐已 70 高龄。这是李唐反映北宋时期山水画面貌的作品，画面正中主峰高峙，峭壁悬崖间有飞瀑鸣泉、白云缭绕，茂密高大的松林，郁郁葱葱，整个景物逼人眉睫，加上笔墨爽健苍郁，给人一种气势磅礴的感觉，赞颂了大自然的雄壮之美。

《江山水景图》与此图格调接近，但笔墨更为简练老健。

《采薇图》，李唐画。

《长夏江寺图》今藏北京故宫。绢本，青绿重设色，但仍以墨笔勾皴为主，勾勒挺健多断折，皴笔横劈竖砍，放纵自由，以大斧劈皴和青绿着色相结合，这是一处大胆的创造，后人称其手法为"斧劈皴"。

《采薇图》是其人物故事画代表作，绢本，水墨减设色。描写殷贵族伯夷、叔齐不食周粟，隐居首阳山采薇为食的故事。作者选取了他们采薇中休息的瞬间，伯夷抱膝而坐，双目凝注，叔齐身体前倾，似在讲话。通过人物姿态与面部的刻画，表现一种坚强刚毅、不折不挠的性格。右边古藤缠绕松，左边枫树奇崛如铁，有力地烘托了两人会心交谈的悲壮场面。此图在中国古代人物画中，是一件不可多得的成功作品。

李唐对稍晚于他的刘松年、马远，夏圭等人的绘画创作影响很大。南宋画院水墨苍劲一派，李唐实为开拓者，后人将他列为"南宋四家"之首。

建安书业鼎盛

南宋时期，建安印书业兴盛，成为刻书中心之一，并长盛不衰，一直延续至元、明二朝。直到明末清初，因受兵燹之灾，建安刻书事业始告衰弱。

福建有建安、建阳两县地处闽北，周围武夷群山绵亘，盛产竹木，其榕树所竹木，是生产雕版印刷用纸张的上佳材料。由于这一带所出纸张适宜于雕版印书，价廉物美，吸引了大批刻书商。早在宋代，麻沙镇和崇化镇就已书坊林立。随着宋室南渡，建安、建阳竟然发展成全国三大雕版印书中心之一，与浙江临安（今杭州）和四川眉山并称。

建安一带书坊出的书，世称建本或麻沙本（以纸张多出自麻沙镇，故名）。其著名书坊有建安余氏勤有堂、黄三八郎书铺、陈八郎书铺、建阳麻沙书坊、建宁书铺、建安江中达群玉堂、巢川余氏等，遍及建安、建阳各地，极一时之盛。其中建安余氏勤有堂，父子相传，营业数十世，自北宋至明代历经数百年不衰。

建安书业的市场定位是面向大众，以出版经史百家和唐、宋名家诗文为主。为适应科场应考和市民日常生活需求，也刻印一些科举用书和医学用书。建安书业对一般市场变化很敏感，南宋末年，平话小说风行市井，书坊主人马上出版了《武王讨纣》《东毅伐齐》《前后汉书》《大宋宣和遗事》《五代史》等普及读物。这也为后代历史小说创作的繁荣作了前期准备。

建本能够吸收一些官本、浙本的长处，加上通俗可读性强，很受市场欢迎，印刷量很大，所以现今流传的宋、元本书，多为建本。但由于建本成书快捷，但求速销，不能精雕细琢，故无书中极品。后人评价宋本亦以杭州为上，蜀本次之，福建最下。

此外，建安书业还创造了铜活字，成功地印成铜字《墨子》等书。

宋考察喀斯特地形

南宋时期，人们通过旅游和考察，对喀斯特岩溶地区有了进一步的观察与认识。

南宋著名诗人陆游在他的《入蜀记》中，记载了他游香溪（今湖北秭归）洞穴时所看到的情景。他认为香溪源出昭君村，碧绿清澈，水味甜美。于是他便乘小船顺水而下，大约行了一里多远，忽发现一洞口，洞口很小，但一进入洞内，才发现里面极大，可以容纳数百人，宽敞壮丽，如入大宫殿中，有石幡旗、石芝草、石竹笋、石仙人、石龙虎、石鸟兽等，千姿百态，莫不逼真。

南宋罗大经曾游容州（今广西省容县），发现一处喀斯特洼地。其底部平坦，地表有一个和地下河相通的落水洞（罗称之为"勾漏洞"）。于是他从洞口乘小筏进入，发现暗河曲曲折折，暗洞中石钟乳千奇百状，如虎如豺，"森然欲搏"。再往里走，忽然发现一颗大星，走近才知是一个透天溶孔，光线从小孔射入，奇亮无比。罗大经也曾到桂林山水作过实地观察，他发现那里是发育极典型的"峰林"地貌。他说"桂林石山怪伟，东南所无"。韩愈当年把它形容为"山如碧玉簪"；柳宗元比喻为"拔地峭起，林立四野"。南宋杰出诗人范成大，不但亲自游历过桂林、阳朔、兴安、容州等喀斯特岩溶地区，而且注意到有些溶洞是由于河岸"波浪汹涌，日夜漱啮之"，即因河水长期侵蚀而成。这是古人对喀斯特地形形成原因的初步解释。

总之，宋代人们以实地观察为依据对喀斯特地貌作出的种种描述，为后世进一步研究喀斯特现象提供了历史资料。

宋海上丝绸陶瓷之路通达世界

宋代奖励海外贸易，海外贸易比之唐代有了较大的发展，市舶之利成为国家财政收入中的重要组成部分。在南起琼州，北至密州的广大沿海地区，都有政府设立的市舶机构，专门管理海外贸易和商船的进出。广东、泉州、明州（宁波）成为宋代对外贸易的三大海港。

宋代中国和亚非各国经济上的交流，最具有代表性的是丝、瓷的输出和香药的进口。在中国出口的货中，从宋初开始，便是以金、银、缗钱、铅、锡、杂色帛和瓷器为主，中国帆船曾经频繁地出没于高丽、日本、苏门达腊、爪哇，西抵印度、阿拉伯、东非等许多口岸，担当了丝帛和瓷器的出口、香料和药材的进口任务，同时也担当将中国的丝、瓷文化向广大海外世界传播的重任。

宋代丝织业保持着向上发展的势头，丝绸织造技术推陈出新，海外市场随着航运业的繁荣有了比之过去更为广阔的拓展。当时，世界上生产丝绸的国家和地区逐渐增多，花色品种也越来越丰富，在这种国际环境下，宋朝的丝绸在保持传统信誉的同时，谋求生产出更多与其他丝绸生产国相比具有一定优势的产品，因此在海外市场上享有崇高的声誉。

与陆上的丝绸之路相对，宋代开辟了海上丝绸之路，将丝绸从海上运销到亚洲各地和东非沿岸的国家。这些国家分布在北起日本，南至东南亚和印度洋各地，例如日本、阇婆（爪哇）、注辇（朱罗）、天竺（巴特那）和一些阿拉伯国家。宋代生产的各种绢伞、绢扇、缬绢、白绢、假锦、建阳锦、锦绫、皂绫、五色绢、丝帛等，在这些国家和地区拥有广大的市场和很高的声誉。

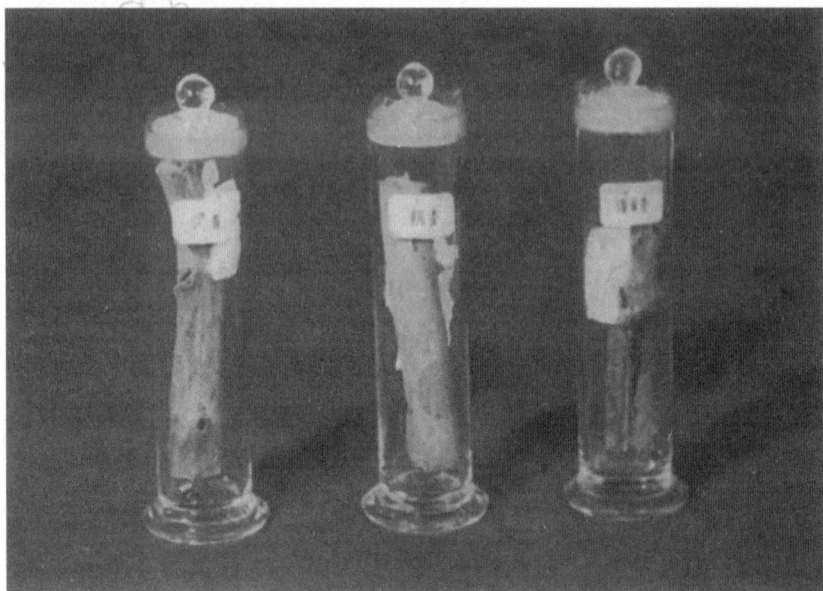

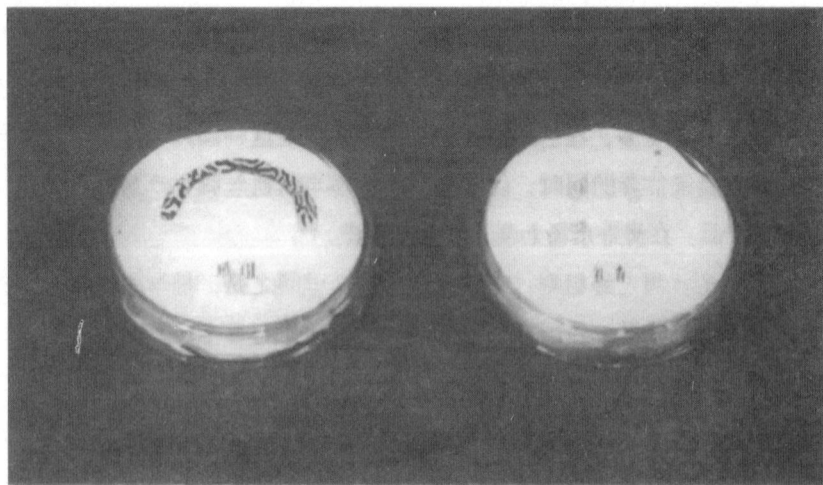

在福建泉州湾发掘的一艘宋代沉船中，发现当时宋代进口阿拉伯的香药。宋代用丝绸与阿拉伯香药互易是当时贸易的主要内容。图为在沉船中发掘出的降真香、沉香、玳瑁、乳香、胡椒等香药。

中国的瓷器一向以色泽晶莹、纹饰绚丽著称于世，深受各国人民的喜爱。从 8 世纪末起，中国瓷器就开始大批出口海外各国，外销瓷的繁荣期达 1000 年之久。瓷器最适合于水路运输，宋代航海业的发展，直接刺激了中国东南沿海的青瓷和青白瓷的生产。华瓷大量外销，出现了所谓的海上陶瓷之路。陶瓷之路起自中国沿海的扬州、明州和广州，东通日本，向西跨越印度洋，一直到达坦桑尼亚的基尔瓦和埃及的亚历山大里亚，并且进入地中海。

9、10 世纪风行世界的外销瓷中名列榜首的是长沙铜官窑的陶瓷。长沙窑首创釉下彩绘，有釉下褐、绿两彩，突破了青瓷的单一青色，各种彩色纹样开始大量涌现。这些产品从甬江运往日本、朝鲜、琉球、菲律宾、印度尼西亚、斯里兰卡、巴基斯坦、伊朗和伊拉克等地，甚至在埃及的古都福斯塔特遗址中也有铜官窑的陶瓷出土。在 11 世纪上半叶，阿拉伯学者几乎一致认为铜官窑所产的"杏黄色瓷器最佳：胎薄、色净、声脆；奶白色次之；各种浅色又次之"。在外销瓷中数量最多的是青瓷。宋代外销瓷以越窑系、龙泉系青瓷为主。宋代青瓷几乎在世界各地均有出土。

总之，宋代海上丝绸之路、陶瓷之路通达世界各地，丝绸与瓷器大量外销，为许多民族增添了新的生活用品，输送了新的艺术图样，为世界文明的发展作出了巨大贡献。

农耕技术持续进步

　　明代，铁质农具的质量随着炼铁技术的提高而得到改良，农耕种田更加追求集约经营，精耕细作被放在首位，提倡"宁可少而精密，不可多而草率"（《沈氏农书·运田地法》）。

　　在整地方面，讲求深耕。达七八寸，以使土壤彻底松软。如在麦、稻两熟田地，将水田改为旱地时需开沟做垄，使垄背凸起如龟背，以便排水，翻耕时先浅后深，头遍打破皮，二遍揭出泥，争取时间灭茬保墒；将旱地改为水田时则要分层深耕晒垡，以改善土壤结构。

　　在选种和播种上，重视收集、选育新种和优良种子，并提前浸种时间以便早播。如早稻浸种一般在清明节前，但当时有的春分前即浸，称"社种"，浸种时间提前足半个月。浸种方法也有所改进，原来是"昼浸夜收，不用长流水，难得生芽"，明代改为"用稻草包裹（稻种）一斗或二三斗，投于池塘水内，缸内亦可""浸三四日，微见白芽如针尖大，取出于阴处阴干"

《耕织图》中的耘

明代的农业技术在深耕细作上，已有相当高的水平。图为《耕织图》中的耙耨情景。

（王象晋《群芳谱》）。

对于施肥，则要求施足基肥，并在适当时施用追肥。当时不仅对施用追肥的时间、数量、次数以及肥效有了科学的了解，也加深了对土壤与肥料的结合方面的认识，总结出一些规律。如羊粪适宜旱地，猪粪适宜水田，土质贫瘠坚硬之田宜用灰粪和牛粪，土性带泛浆之田宜用骨灰蘸秧根、石灰淹苗足，等等。

在防治病虫害方面也积累了一些经验，如冬天铲草根、添新土以杀灭越冬幼虫及虫卵，用药物、棉籽油等拌种以避免虫蚀，将石灰、桐油撒布叶上杀虫等。

在充分利用田地的空间和时间方面也有新的发展。宋元时发展起来的稻麦一年两熟的轮作制度被推广到其他作物的栽培，并且从一年的轮作发展为若干年的轮作，间作、套作技术也有提高。江南地区双季稻种植广泛，福建、广东等甚至出现了一年三熟之稻。江南水稻除与小、大麦轮作外，还与豌豆、蚕豆、油菜等其他作物轮作，北方则以大、小麦与黍、粟、豆、薯等轮作。棉麦轮作、棉稻轮作、棉豆间作、桑豆间作等技术，随着经济作物的推广也发展起来。

朱元璋制作铁榜申诫功臣

明初，一些加官进爵的开国大臣，倚仗特权，为非作歹，凌暴乡里，奴仆杀人也隐匿不报。洪武五年（1372年）6月，朱元璋出于保全功臣之意，命工部制作铁榜申诫功臣，不要纵使奴仆倚势作乱。

铁榜共有9条命令：申明律令，责令公侯奉公守法，不准他们侵害百姓的利益，保护私有法纪和徭役规定。如命公侯不得接受官军所送之礼，不得强占官民山场、湖泊、茶园及金、银、铜、锡、铁冶炼者，不得纵使家仆侵夺田产财物，不得倚恃权豪、欺压百姓等。凡有违上

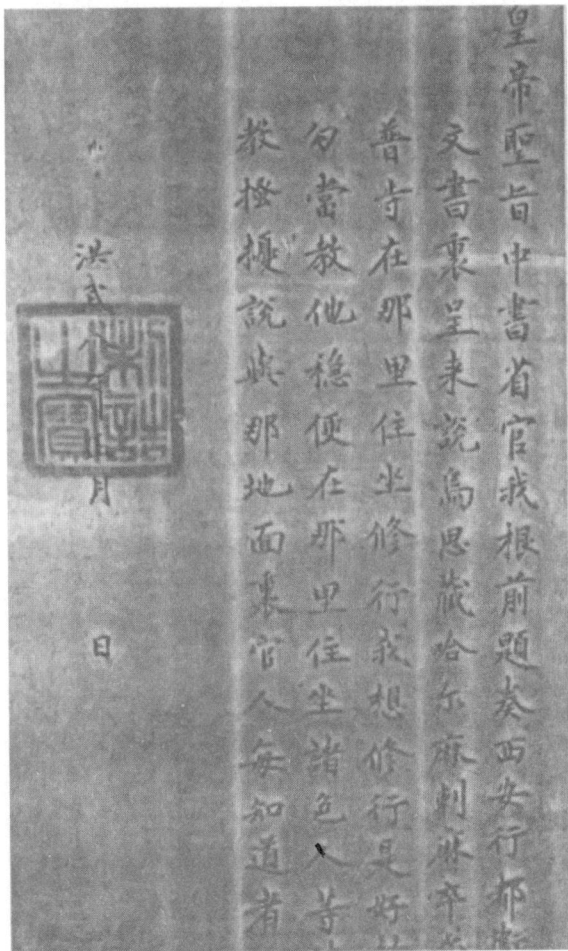

明洪武八年（1375年），朱元璋给西藏楚布寺噶尔马活佛的敕谕。

述命令者都有受杖、充军、受刑、处死等相应处罚规定。

铁榜公布后，收到了相当的效果。但仍有些武将继续胡作非为。如蓝玉专横恣暴，畜庄奴数千人，渔肉乡里；郭英私养家奴150多人，滥杀无辜；周德兴营造宅第，踰制豪华；朱亮祖专擅不法，贪婪无厌等。洪武十三年（1380年）终于爆发了胡惟庸案，洪武二十六年（1393年）又爆发了蓝玉案，两次党狱，使那些元勋宿将被杀戮殆尽。

朱元璋制作铁榜，申诫功臣，对明初抑制豪强、整顿吏治、稳定社会秩序起到了一定的积极的作用，对剥夺公侯兵权、加强皇权也具有一定的现实意义。但同时暴露出朱元璋意图阻隔公侯与官军联系的用心，以及他害怕公侯掌握兵权的心理。由此引起的武将缺乏的后果，也是朱元璋意想不到的。

颁行大明宝钞

洪武八年（1375年）3月，朱元璋下令印制"大明宝钞"，并在民间通行。

明初，市面上流通的货币多为鼓铸的铜钱"洪武通宝"。然而，刚刚建立的明王朝极端缺乏铜料，铜质货币远远不能满足市场需要。为此，朱元璋借鉴元代实行的纸币制度，印制"大明宝钞"与铜钱并行，以纸币为主，铜

明代纸钞100文

明代印刷的纸钞1贯

钱为辅。宝钞以桑穰为原料，长 1 尺，宽 6 寸，质地为青色，上面绘有龙文花栏，横题额写着"大明通行宝钞"。宝钞共有 6 等：1 贯、500 文、400 文、300 文、200 文、100 文，后来又增加了一种面额为 50 文的小钞。政府同时规定：每钞 1 贯值铜钱 1000 文，银 1 两、4 贯值黄金 1 两。

宝钞颁行后，朝廷禁止民间以金银进行货物交易，违者治罪。人们可以持金银到政府兑换宝钞，但不能用宝钞换取金银。若宝钞年久昏烂，可以到行用库兑换成新钞。凡交纳商税、课派时则钱钞兼收，100 文以下只用铜钱。

由于明政府未能控制宝钞的发行量及钞本不足，很快导致了宝钞的贬值。洪武末年，明政府被迫取消了大明宝钞。

《洪武正韵》编成

明洪武八年（1375年），乐韶凤、宋濂等人奉敕纂成《洪武正韵》一书。它对传统韵书持批评态度，认为"韵学起于江左，殊失正音"，应该用"中原雅音"（即北方官话音）来定正旧音，故又名《正韵》。

《正韵》共16卷，它是在《礼部韵略》《中原音韵》的基础上，根据当时的官方实际语音总结而成。该书声调仍保留平、上、去、入四声，声中分部，共76部。

平声22部：东、支、齐、鱼、模、皆、灰、真、寒、删、先、萧、爻、歌、麻、遮、阳、庚、尤、侵、覃、盐。

上声22部：董、纸、荠、语、姥、解、贿、轸、旱、产、铣、筱、巧、哿、马、者、养、梗、有、寝、感、琰。

去声22部：送、置、霁、御、暮、泰、队、震、翰、谏、霰、啸、效、简、祃、蔗、漾、敬、宥、沁、勘、艳。

入声10部：屋、质、曷、辖、屑、药、陌、缉、合、叶。

由此可见，它的平、上、去三声是一脉相承的。因此，如果不计声调，实际上只有22韵。这和元代熊忠的《古今韵会举要》在声类、韵类方面的划分十分接近。

《洪武正韵》以当时的读书音为根据，而读书音因袭性、保守性较大，保存了一些旧有的东西，因而与以当时的口语即说话音为反映对象的《中原音韵》有一定的差距。如《正韵》平声不分阴阳，且保留了入声，而《中原音韵》则"入派之声"，平分阴阳。

《洪武正韵》作为明代影响较大的音韵书仍有其价值，主要表现在它一定程度上反映了当时北方官话的实际情况，对汉语官话的形成过程的研究有一定作用。此外，《正韵》在当时的曲艺界有很大的影响，南曲作家、艺人对它较为推崇，以它作为曲韵协律的标准。"北主《中原》，南家《洪武》"就是南方戏曲界以《正韵》为其曲韵协律标准的证明。但明清学者多批评它不南不北，不古不今。

中国方志兴盛

中国方志起源很早，在汉代已有了撰述，方志经魏晋南北朝和唐宋的发展，至元明清已走向它的全盛时期，据《中国地方联合书目》记录，明代方志有 900 多种。

明代方志撰述的成就，首先在于它是官修，为各级政权组织重视，获得了广泛的社会性。明代社会经济、文化发展较快，加上又有修史和修志传统的推进，尤其是全国区域总志的编纂成为直接的推动力。明统治者对编纂全国总志高度重视，洪武三年（1370 年）"诏儒士魏俊民等类编天下州郡地理形势，降附颠末为书"，规定志书内容可分疆域、城池、山川、风俗、户口、寺观、人物、杂文等 21 目。

明代方志撰述的第二个特点是省志撰述的创制和定型。省志是各布政使司的通志，当时多以"通志"为名，《明史·艺文志》地理类著录了《山西通志》《山东通志》《河南通志》等 10 余种，通志的修撰受到地方大吏的普遍重视。从政治上看，通志是合国总志和府、州、县志的中间环节，有利于增强人们的历史意识和维护祖国统一。

开创边关志、边镇志、卫志这一方志门类是明代在方志撰述上的第三个特点，

南京城墙。至今仍保留了部分明代洪武初年建造的城墙，墙体高大，气势相当宏伟。

西安城楼。明洪武三年至十一年（1370年—1378年），在原唐皇城基础上兴建。城墙呈长方形，周长11906米，高12米，底宽15—18米，顶宽12—15米，墙外壁建敌楼980座，顶楼外沿砌垛口5874个，四角各建角楼，东西南北各建城门一座，分别称长乐门、永宁门、安定门、安远门。

修撰这类方志是出于军事的需要，但它扩大了方志的内容，同时也证明了修志的现实意义。《明史·艺文志》地理类著录这类方志，有刘敏宽《延镇图说》2卷，刘昌《两镇边关图说》2卷、张雨的《全陕边政考》12卷及《天津三卫志》、《潼关卫志》等，其中刘效祖《四镇三关记》、詹荣《山海关志》、还有《明史·艺文志》未著录的郑晓《九边图志》都是知名的边关边镇志。

平云南

明初，云南由元宗室梁王占据。明政府多次派遣使臣前往招抚，均遭杀害。

洪武十四年（1381年）9月，朱元璋命傅友德为征南大将军，蓝玉、沐英为左、右副将军，统领大军征讨云南。出师前，朱元璋亲定进军方略。傅友德等受命出发，一路从湖广挺进，一路由四川南下，渐次进军，逐地攻占。元梁王派司徒平章达里麻率兵十余万屯驻曲靖，抵御明军。曲靖一战，沐英生擒达里麻，俘获2万多士兵。傅友德率军趁机攻占云南重镇乌撒，元梁王走投无路，携妻子投昆明滇池死。东川、芒部、乌蒙、水西诸蛮全部投降。接着傅友德又指挥明军攻占了段氏世守的大理国，云南全境悉平。

洪武十五年2月，朱元璋在云南设都指挥使司和布政使司，管理云南军政事务，留沐英镇守，并且让沐英子孙世守云南，直到明朝灭亡。

朱元璋赏赐笼络致仕武官

许多功勋卓著的文臣武将，出生入死，立下了汗马功劳。朱元璋为赏赐其幸存者，于洪武二十九年（1396年）9月20日，召见了应诏至京的2500余人。凡壬辰年至甲辰年从军，洪武十一年以前为官的，指挥使赏银100两、钞200锭；指挥同知银90两、钞180锭；指挥金事银80两，钞160锭；正千户、仪卫正银70两、钞140锭；副千户、卫镇抚、仪卫副银60两，钞120锭；百户、所镇抚银50两、钞100锭。壬辰年至甲辰年从军，洪武十二年以后为官的，指挥金事银70两，钞140十锭，以下至百户、所镇抚，银递减十两，钞递减20锭。至正二十五年（1365年）以后从军、洪武十一年以前为官的，赏同。乙巳以后从军，洪武十二年以后为官的，指挥使银80两、钞160锭；以下至百户、所镇抚，银递减十两，钞递减20锭。朱元璋还告谕道："元末兵急，中原鼎沸，人不自保。你们奋起从朕，效谋宣力，共平祸乱，勤劳备至。天下既定，论功行赏，使你们居官任事，子孙世袭，永享富贵"。朱元璋在大兴胡蓝之狱后，为防致仕武官反侧，遂采取这一笼络措施。

《大明律》《明大诰》成

洪武三十年（1397年）五月，《大明律》定型，颁示天下，罢除即位以来禁例榜文。

早在明代建国以前，朱元璋便于吴元年（1367年）11月命中书省以唐宋律令为基础，详定律令。明王朝建立后，便在吴元年律令的基础上着手制定通告全国的大明律。朱元璋充分肯定了唐律，并于洪武元年（1368年）"命儒臣4人，同刑官讲唐律，日进二十条"，以此为制订大明律做准备。

同年冬，朱元璋即命刑部尚书刘惟谦、翰林学士宋濂详定大明律，并于第二年2月完成颁行天下。总计606条，分30卷。洪武九年（1376年），朱元璋又命丞相胡惟庸、御史大夫汪海洋等"详议厘正十有三条"。洪武二十二年（1389年）刑部提出"条例比年增减不一"，判案受影响。于是命翰林院同刑部官员更定大明律，"取比年所增者，以类附入。"因为洪武十三年（1380年）中书省、宰相已取消而分权于六部，故以名例律冠于篇首，按六部官制，分吏、户、礼、兵、刑、工六律，共30卷、460条，由此改变了隋唐以来沿袭800年的封建法典12章的结构。

本年，朱元璋选纂《钦定律诰》147条，作为大明律中有关死罪的处刑条款的补充，并附于明律之后，总名《大明律》。

《大明律》在吸取了唐律基本精神的基础上融进了明初30年的统治经验。其条例简于唐律，精神则严于宋律，而且无论形式或内容都有所发展。作为国家成法，《大明律》不许擅自改动，朱元璋还下令"子孙守之，群臣有稍议更改，即坐以变乱祖制之罪"，故《大明律》"历代相承，无敢轻改"。

《御制大诰》《御制大诰续编》《御制大诰三编》和《大诰武臣》则是太祖

明正德十六年刻本《大明律》

朱元璋自洪武十八年至二十年间，亲自采辑"官民过犯"的案例，历时两年零一个月相继编成。总计 236 个条目，其中《初编》74 条，《续编》87 条，《三编》43 条，《武臣》32 条。编制《明大诰》目的是"警省奸顽"，它突出反映了朱元璋重典治国与重典治吏的思想。《明大诰》列大量族诛、凌迟、枭首的案例，和墨面文身、挑筋去指、挑筋去膝盖、断手、斩趾、刖足、枷令、枷项游历、阉割为奴等种种酷刑，表明朱元璋通过制定《明大诰》公开肯定法外用刑的事实，从而显示了明代专制主义的强化以及专制主义与法制的冲突，也充分暴露出封建刑法的残酷性和野蛮性。

《明大诰》是重刑的产物，它的处刑原则与量刑标准，直接与《大明律》的规定抵触，如同一犯罪，按大明律仅处笞杖刑，而大诰往往加重至死刑。

建文帝即位后，鉴于太祖重典治国，法外用刑，有害于"情法适中"，因而在即位诏中宣布："今后官民有犯五刑者，法司一依《大明律》科断，无深文。"在事实上宣布废除《大诰》四编，虽成祖又曾部分恢复大诰，最终至仁、宣两朝，《大诰》四律、《律诰》中的 36 条，统统宣布废止不用。只有礼乐刑政综合为治，才能实现国家的安定，这已由明初的历史得到证明。

郑和七下西洋

明成祖朱棣即位后，为了控制海内，耀威异域，抚剿逃亡海外之臣民，获取海外珍宝异货，从永乐三年（1405 年）6 月起遣郑和多次下西洋。郑和（1371 年—1435 年），本姓马，小字三保，回族，云南昆明（今并入晋宁）人。朱元璋平云南后，郑和投靠朱棣，明初入宫做宦官，靖难立战功，赐姓郑名和。永乐三年（1405 年）6 月 15 日，郑和与副使王景弘奉命第一次出使西洋。其船队总共 27800 多人。分乘大船 62 艘，小船 200 余艘。船队满载丝绸瓷器等物由苏州刘家河（今江苏刘家港）渡海到福建，又从福州五虎门扬帆启航。船队先抵占城，再南航至爪哇。永乐五年（1407 年）在旧港擒获海盗陈祖义。船队继续西行，经过苏门答腊，南浮里、锡兰（今斯里兰卡），到达左里（今印度科泽科德）。郑和在此地立碑，以作纪念。这支庞大的船队在此返航，于 9 月回到国内。

永乐五年（1407 年）冬，郑和奉命第二次出使西洋，船队经占城、暹罗、爪哇、锡兰，直达印度半岛西岸的阿枝（今印度柯钦）、左里。并立碑纪念，永乐七年（1409 年）夏回国。

郑和后来又于 1409 年—1411 年，1413 年—1415 年，1417 年—1419 年，1421 年—1422 年，1431 年—1433 年 5 次出使西洋，总计 28 年间七下"西洋"。其中，永乐十九年（1421 年）正月 30 日，郑和奉命第六次下西洋。此次下西洋，郑和主要是护送忽鲁漠斯、阿丹、祖法儿等来贡的 16 国使臣归国。

郑和率船队首先来到占城，随后他派一只船队送暹罗使臣回国，自己则率大艅宝船南航，经马六甲海峡，送满刺加、阿鲁、苏门答刺使臣回国，然后抵达榜葛剌（今孟加拉），再向南绕过印度半岛至古里、祖法儿。又由祖法儿南航，访问剌撒及非洲和木骨都束、卜剌哇，随即转舵回航，于永乐二十年（1422年）8月回国。

郑和这次出使西洋，趁护送16国使臣回国之际，对途经国家进行了友好访问，并开展各种贸易活动。郑和船队的一支分宗在太监周某的率领下，到达阿丹国，对其国王及大小头目开读诏敕，并进行贸易，采购有许多中原难见的奇珍异品。其中有大块的猫眼石、大颗的珍珠、高2尺的珊瑚树以及金珀等。郑和船队到达位于阿拉伯半岛东南沿岸的祖法儿时，首次对其国王开读诏书。在祖法儿国王的帮助下，郑和船队同当地人民进行了广泛的贸易活动，增进了相互间的了解。

明宣德五年（1430年）6月9日，郑和奉命第七次下西洋。当时安南事件已结束，且宣宗认为自登基以来，诸藩久未朝贡，故他特命郑和重下西洋。闰12月6日，郑和率载有27550人的61艘大型宝船，从南京出发，两日后

郑和下西洋路线图

驶至刘家港，并在此刻石立碑，记述历次出使情况。12月9日，船队出海，先后访问了占城、爪哇、旧港、满剌加、苏门答剌等国。郑和派一支船队直航非洲东岸，访问木骨都束、不剌哇、竹步；同时派另一支船队直航古里，访问祖法儿、剌撒、阿丹。他本人率大䑸宝船经锡兰、古里，直航忽鲁漠斯。

此次西航，船队曾到麦加访问，以麝香、磁器等物换回各种珍贵异兽，并画了天堂图。宣德八年（1433年）6月21日，船队驶返刘家港。而郑和则于二月病逝于归国途中的古里国（今印度西南海岸科泽科德一带）。

郑和的船队除载货物商品外，还有粮食、淡水等生活必需品，船上有通书、行人、管带及医生、书算，也有技术人员。在远航过程中，他们随时记录航向、所经港湾及暗礁、浅滩的分布，绘制了《郑和航海图》。另外其随行人员马欢著有《瀛涯胜览》，费信著《星槎胜览》，巩珍著有《西洋番图志》等记述航海见闻，史料价值颇高。

郑和的船队到达东南亚及印度，非洲30多个国家和地区。郑和经南海马六甲海峡、印度洋、波斯湾，最远到非洲东海岸红海海口及麦加。郑和所到之处，即以丝绸、瓷器、铜铁、金银等换取乳香、珍宝及奇禽异兽等。郑和不仅是贸易代表，还是外交使节，他的出使还加强了与所访国家的联系和友好往来。仅永乐二十一年（1423年），就有来访使臣1200余人。郑和下西洋丰富了人们对世界的认识。他立的《通番事迹记》《天妃灵应之记》碑，也成为航海史上的重要文物。

《永乐大典》修成

永乐五年（1407年）11月，《永乐大典》修成，明成祖朱棣亲自为此书写序。

永乐元年（1403年）7月，明成祖命翰林侍读学士解缙等，参照《韵府群玉》《回溪史韵》二书的例子，采集各书所载事物，按类编排，而统之以韵。解缙等奉命而行，于次年11月编成进呈，朱棣赐名《文献大成》。不久，朱棣认为所书事物多有遗漏，又命姚广孝、刘季篪与解缙一起重新编辑，又特别命令王景、王达等5人为总裁，邹辑、梁潜、曾棨等20人为副总裁，陈济等为都总裁，征调中外官及四方老宿文学之士为纂修，选善书的国子监及郡县生员为缮写，由光禄寺供饮食，共9169人，开馆于文渊阁。同时，又派官员分行天下，搜求遗书，以备收录。历时五春秋，于本月修成，改名《永乐大典》，全书共22937卷，11095册。

它是中国历史上规模最大的一部类书，也是迄今世界所公认的一部大型百科全书。

《永乐大典》内页

《永乐大典》整个装帧别具一格。全书采用上等白宣纸，印有朱丝栏，每半页8行，大字占一行，小字钞成双行，每行28个字。端正的楷书，黝黑的墨色，微微发古香。并采用白描手法描绘名物器什和山川地形，精丽工致，形态逼真，栩栩如生，实属古代书籍插图中的佳品。所征引之书名、圈点以及版心

《永乐大典》

均用朱笔，极为醒目。每册书高营造尺1尺5寸6分，宽9寸3分。书面硬裱，用粗黄布连脑包过，庄重朴实。

《永乐大典》书内的内容，采取按韵和分类相结合的所谓"用韵以统字，用字以系事"的方法编纂。所按韵目依照《洪武正韵》为准，在每韵下分列单字，每一个单字下面详细注明该单字音韵、训释和它的篆、楷、草各种书体，然后再将和这一单字有关的天文、地理、人事、名物、诗文、词典等各项记载分类汇集。

《永乐大典》成书后钞录了一部贮藏于南京文渊阁的东阁。成祖朱棣迁都北京后，《永乐大典》被运到北京文渊阁贮藏。《永乐大典》初无副本，因嘉靖三十六年（1557年），故宫文渊阁附近的奉天、华盖、谨身三殿起火，《永乐大典》虽得及时抢救而逃此一劫，但明世宗朱厚熜为了避免不测事情发生，方决定重录一部。遂任命礼部侍郎高拱、左春坊左渝德兼侍读瞿景淳为总校官，负责组织重录工作，并招收了儒生程道南等109人，增设服务设施和人员，配备警卫人员，制定严格规章制度，于嘉靖四十一年（1562年）秋开始重录工作，隆庆元年（1567年）完成。所录副本与永乐正本的格式装帧完全一致，并将副本贮藏于皇史宬。

以往类书均偏重于收辑儒家经典、史传文集，而《永乐大典》所收典籍极为广泛，共8000多种，上自先秦，下至明初的经史子集百家之言以及天文、地理、阴阳医卜、僧道技艺等。并将此8000多种典籍分门别类整段整篇抄入，不改一字，使许多古代的文献得以保存流传。

《永乐大典》成书后，终明一代为帝王御用之物。明亡清后，清初自全祖望就开始从《永乐大典》中辑佚。清高宗乾隆年间，开始修《四库全书》时，从《永乐大典》中辑出385种典籍，共4946卷，其中有二十四史之一的薛居正《旧五代史》、重要史籍《建炎以来系年要录》、陈振孙《直斋书录题解》、医学名著《苏沈良方》以及《续资治通鉴长编》和《水经注》等名著。还辑有宋元诗人文集如宋夏竦《文庄集》36卷、刘敞《彭城集》40卷、宋庠《宋元宪集》40卷；元人陆文圭《墙东类稿》20卷，后徐松又从《永乐大典》中辑出《宋会要》500卷、《宋中兴礼书》、《续中兴礼书》150卷。今人编辑的宋、金、元诗词不少采自大典中。《永乐大典》所征书籍，均据文渊阁所藏宋、金、元精本摹写，足堪与现存通行本校勘。清代就曾依此大典勘校群书。现今已从大典中辑出佚书590种，附录44种，其中120种无传本。

《永乐大典》正本到明末就下落不明，副本于康熙年间被发现就已残缺。到乾隆三十七年（1722年）缺1000多册，合2422卷。光绪元年（1875年）时已不到5000册至二十年（1894年）竟不足400册。此后日益缺失，后经多方收集，散藏于世界各地的仍有约800余卷。

诏建北京宫殿

　　永乐四年（1406年）闰7月5日，洪国公丘福等文武大臣请建北京宫殿，以备巡幸。朱棣下诏从永乐五年（1407年）五月开始建筑北京宫殿。同时派遣工部尚书宋礼往四川、吏部右侍郎师逵往湖广、户部左侍部古朴往江西、右副都御史刘观往浙江、右佥都御史仲成往山西督理军民采木。每人每月给5斗米，锭3钞。命泰宁侯陈珪、北京行部侍郎张思恭督理军民匠造砖瓦，每人每月给5斗米。又命工部征天下色匠，在京诸卫及河南、山东、山西等各卫选军士，河南、山东、陕西、山西等布政司、直隶、凤阳、徐州、和州选民丁，于永乐五年（1407年）5月一起赴北京听从安排，半年更代一次，每人每月给米5斗。凡征发军民之处，所有差役及闸办银课等项，全部停止。永乐六年（1408年）6月3日，朱棣诏谕北京文武诸司群臣，北京军民备历艰难，平定以来辛苦未苏，但营建北京国之大计，不得不重劳百姓。从今以后北京诸郡不急之务，及诸买办，全部停止。

明代商业资本兴起

明朝开国皇帝朱元璋一方面像历代皇帝那样主张重农抑商；另一方面又认为商人的活动能满足官府和民间的需求，主张给商人一定的社会地位。明政府为贯彻这种思想，建立了一整套控制商业的制度，并废弃宋元时代的繁文缛节，简化商税，对官吏额外苛求、为难的行为严加惩处。

货郎图

明初政府对商人和市场的管理比较严格。凡外出经商，须得到政府批准，领取商引。商引也叫关券、路引、物引，上面写明货物种类、数量以及道路远近等；商人投宿的客店也要有官府签发的店历，以便记载住店商人的情况。城市商业管理则由兵马司负责，实行严格控制。

明朝建立中央到地方各级商税征收机构，在京城的称宣课司，后改为税课司；在州县的称通课司，后改为税课局；另在商业发达市镇设立分司、分局。在各水域关津去处还设立竹木抽分局，负责向过境竹木征税。据统计，明初全国共设税课司局400多处。

明初在严格管理商人的同时，

还制定了完备的商业政策，使商人
有法可依，并对各级官吏勒索骚扰
商人的行为严加约束，税务简约，
税额适当，有利于商业的初步繁荣。

洪武以后，官府对商人的控制
日渐松弛，废除了商引、店历。明
中叶以后，随着社会分工的扩大和
商品经济的发展，商人资本日益活
跃起来，各地出现了人数众多的商
人群体，形成了许多地方性的商人
资本集团如山西商人、徽州商人、
江西商人、关陕商人等。这些商人
集团走南闯北，从事商贩活动，并
通过牙行，利用低买高卖、以次充
好，以假乱真，大斗入小斗出等手

明代货币

段，直接榨取劳动者，积累了相当雄厚的资本，如徽州商人富者家财百万，
拥有二三十万者只能列入中贾。山西商人中没有数十万者也不能称为富商。
嘉靖年间，在号称天下17家首富中，商人占了7家。人数众多的富商巨贾们
凭着资本的雄厚，往往开有几个或几十个店铺，在商业中占有很重要的地位。

当时全国各重要城市几乎到处都有徽商的店铺，如运河沿岸的城市临清，
徽商占从事工商业人数的90%。为了使资本充分发挥作用，有些商人把商业
资本直接投资于生产中，如染布、织绸、制茶、造纸、酿酒等，并雇用了大
量的雇工和奴仆从事生产，从而转化为产业资本。嘉靖年间，歙商阮弼除在
芜湖经商外，还招募工匠，自己开设了规模较大的染纸作坊，并在各重要城
市开设了分场。有些商人则直接向小生产者统一分发原料，令小生产为其加
工，计件付酬，如万历年间松江地区的100多家暑袜店商人，实质上成为控
制家庭手工业者的工业资本家，这是商业资本向工业资本转移的一个重要形

式。因此，明代商业资本的兴起，对于加强各地区的联系，促进商品经济的进一步发展和资本主义的萌芽起着一定的作用。

在封建制度下，明代富商巨贾不可避免地带有浓厚的封建色彩，这是中国封建社会不同于欧洲城市的一个重要特点，也是中国资本主义萌芽发展缓慢的一个重要原因。他们为了使自己的生产经营更安全，往往通过打权贵人物的招牌、与官僚资本合伙经营或者捐官买爵等方式，和各级官吏紧密结合，依靠封建特权经营多数属于封建专卖或与封建政治有密切联系的商品，独占商业利益，以增殖其资本。获利后又往往用来购买土地，从事封建剥削，集大商人与大地主于一身。一般小商人稍有积蓄后也将资本投放在土地上，直接榨取农村生产者。此外，明代商人资本还与高利贷结合，经营当铺、质库，向广大小生产者进行盘剥，并将高利贷资本直接深入到手工业和农业生产中去以增殖其资本。商业资本和高利贷资本相结合，妨碍了自身的进一步发展。

诏修《五经四书大全》《性理大全》

　　永乐十二年（1414年）11月，成祖命儒臣胡广、杨荣、金幼孜等纂修《五经大全》《四书大全》《性理大全》等。

　　成祖朱棣说《四书》《五经》都是古代圣贤阐述精义要道之言，要求胡广等人将历代诸儒发挥圣贤之言的议论中的切当之言汇集增附在传、注之下。宋代周、程、张、朱等君子阐述性理的言论，如《太极通书》《西铭正蒙》之类，都是六经羽翼，但并没有一本书将其汇集，朱棣要求胡广等人分类将其汇编，而且要求务必编得精练完备，以便流传后世。他命令胡广总管这件工作，又命朝臣以及在外都官中有学问的人来共同参加编纂整理。朝廷在东华门外开馆，并命光禄寺供馔，《五经四书大全》和《性理大全》于永乐十四年（1416年）3月修成，颁行于天下。明朝命令两京六部、国子监以及天下府、州、县学，阅读、讲授这两部书，并且将其列为科举考试的标准。明初科举，规定用《四书》《五经》为内容作为考试题目，均以朱熹或其弟子的注释为准绳。"三大全"的编纂，对统一思

《四书章句集注》

《朱子五经语类》

想，巩固和强化程朱理学的统治地位起到了重要作用。同时，明代对读书人的思想禁锢由是更甚，也培养了一批穷经皓首而没有什么能力的庸才。

明鎏金吉祥天母造像。吉祥天母在藏族地区备受崇信，传说是观音菩萨的化身。藏人重诺，往往以吉祥天母之名发誓言。天母形象狰狞可怕，以示其面恶心善，可驱赶妖魔。

决定迁都北京

永乐十四年（1416年）11月15日，成祖诏集文武群臣商议迁都北京之事。此前，成祖从北京返回京师便有迁都之意。公、侯、伯、五军都督及在京都指挥等官上书，称北京河山巩固，水甘土厚，民俗淳朴，物产丰富，实为天府之国，帝国之都。而且河道疏通后，交通便利，商贾云集，财货充盈，极其方便富足。随后，六部、都察院、大理寺、通政司、太常寺等衙门的尚书、都御史等上疏说："北京沃土千里，乃圣上龙兴之地，山川形势足以控制边疆，辖制天下"。成祖采纳了大臣建议。

朱棣之所以迁都北京，是因为在他20多年藩王生涯中，尤其是与元朝的多次抗战中，深切感到元朝残余势力的威胁，再加上北京地势便利，便于开拓进取，把政治中心移到战争最前线，可以求得边防安宁和王朝巩固，可放眼东北及西北哈密等地区。

定都北京

　　永乐十八年（1420年）11月，北京宫殿即将告成，钦天监奏明年5月1日为吉日，应御新殿受朝贺。朱棣决定迁都北京，诏示天下，并遣户部尚书夏原吉奉命昭皇太子及皇太孙，限期12月底到北京。后又下诏，从次年正月起，将京师改为南京，北京为京师，设六部，去"行在"之称，并取南京各

位于北京中轴线最北端的钟楼

天安门屋顶山花板。花板上满布着用金线和绶带组成的纹饰，红色底子上用单一的金色，在阳光照耀下，它与屋下的彩画相互辉映，构成了皇家建筑金碧辉煌的装饰特征。

太和殿内皇帝宝座。皇帝的宝座在太和殿中央开间的后半部，位于四根缠龙金柱之间。宝座下面是有七层台阶的高台，宝座上中央为皇帝的御座大椅，椅后为七扇面的屏风，屏风和御座上遍布着龙的装饰，椅座、椅背、椅杖手、屏风扇面、屏风头到处都是木雕金龙，御座左右还摆有香几、香筒等陈设。

印信给京师诸衙门，另铸南京诸衙门印信，皆加"南京"二字。12月，北京
郊庙、宫殿落成。北京宫殿、郊庙的大规模营建是在永乐十四年（1416年），
朱棣决意迁都之后开始的，经过4年的修建终于完成。改建的皇城比原城东
移1里有余，奉天、华盖、谨身3殿，乾清、坤宁两宫及午门、西华、东华、
玄武4门等，完全同于金陵旧制，只是比其更弘敞。又定于皇城东南建皇太
孙宫，于东南门外东南建十王府邸，屋8350楹。永乐十九年（1421年）正月
初一正式迁都北京，11日大祀南郊，15日大赦天下，从此北京就成了明王朝
的都城。

太和门前的铜狮。狮子俗称兽中之王，性凶猛，因此多雕
铸成石狮或铜狮分列于宫殿、寺庙、陵墓、官府等重要建筑大
门的两旁，作为护卫建筑群入口的象征。太和门左右各有一
只青铜铸造的狮子，狮身作蹲坐状，连同青铜基台座落在汉白
玉石雕须弥座上，威武壮观，使太和门增添了威严的气概。

社稷坛开建

社稷是古代帝王、诸侯所祭祀的五土之神和五谷之神，社稷祭祀是一种原始性祭礼活动，在我国很早就出现，社稷制度则成为历代统治者维护统治的一种工具。

明成祖朱棣沿用南京社稷合为一坛的制度，按"左祖右社"的原则，于永乐十八年（1420年）建北京社稷坛，布置在宫城前的西侧，与东侧的太庙对称。其规模比太庙还大，占地23万平方米。外庭遍种古柏，主体建筑在垣墙之内，垣墙的长宽正好与太庙的第三道围墙相同，可见修建社稷和太庙有着统一的规划。祭祀社稷由北朝南设祭，总体形制与太庙正相反，戟门设于北部，由北向南顺次展开拜殿、享殿、社稷坛，神厨神库等附属建于垣墙外。社稷坛位于垣墙所围区域的几何中心，为方形由3层汉白玉大理石砌成，上层每面宽16米，高约1米。坛面按五行方位覆五色土，即按东、南、西、北、中五方位覆青、红、白、黑、黄

五色土方坛

社稷坛

五色土。寓意"普天之下莫非王土"。坛四周围以围墙，每面墙正中建白石棂星门，墙内壁及墙顶均按四方土色镶砌不同颜色的琉璃砖。坛中央原立有方形石柱，名"社主石"，亦称"江山石"，象征江山永恒。北棂星门外沿中轴线设享殿、拜殿。享殿是北京宫殿坛庙中最早的建筑，整座建筑比例恰当，造型庄重。殿内不用天花，构架露明，结构简洁严谨。

明代，除在京城北京建社稷坛外，分封的藩王和各州县亦建社稷坛，藩王在其王城所建社稷坛，规模比京城的小一半，并按其与京都的方位定一色复土，只祭祀所在王国的地方社稷神。各州县之社稷坛仅高3尺，方2尺5寸，仅是一个长不到1米的方形土台而已。

太庙开建

太庙是帝王的祖庙，是皇帝祭祀祖先的地方，也是都城规划建设中不可或缺的组成部分，并沿袭唐制。

明永乐十八年（1420 年），成祖朱棣参照南京太庙而建北京太庙，按九五之尊的数值定为一庙九室，占地共约 16.5 万平方米，为南北向规整的长方形。主要建筑物沿中轴线自南而北纵深布置戟门、正殿、寝殿、祧庙，严谨对称，层层深入。

太庙围墙共有 3 重，层层环绕，红色墙身，黄琉璃瓦墙顶。自西门进入第一重庭院，其南部最阔，遍植成行列的苍劲古柏，翠阴蔽日，造成肃穆幽深的环境气氛。庭院南部有宰牲亭、治牲房等辅助建筑。第二道围墙东西宽205.1 米，南北长269.5 米，与社稷坛垣墙相同。南墙中部有一组琉璃门，正中 3 道券门，仿琉璃牌楼形制，突出墙外，下有汉白玉大理石须弥座，上覆黄琉璃瓦檐和装饰，比例合宜、色彩明快、造型优美。自琉璃

太庙正殿

太庙大殿

墙门进入为第二重庭院。环绕着主体建筑，金水河从庭院南部穿过，河上架7座石桥，河北岸两边各建一井亭，与神库神厨组合为一体。第三道围墙东西宽113.2米，南北长204.5米，恰为九五之比值，且第二道围墙宽度比亦是九五之数。南部正中设戟门，门外列120杆戟为仪仗，门为单檐庑殿顶，5开间启3门，梁架简洁明确，屋顶举折平缓，出檐较大。进入戟门正面为壮丽的正殿，为太庙主建筑，即皇帝祭祖行礼之处，共有9间，重檐庑殿顶，属于最高级的建筑形式。每年末大祭时，将寝殿供奉的木主，移至正殿的龙椅上，行"祫祭"。正殿内柱、枋均包嵌沉香木，内壁以沉香木粉涂饰。大殿建于3层汉白玉石台基上，石栏环绕，非常壮丽雄伟，正殿两侧东西庑房各15间，通脊联檐。正殿之后为寝殿，单檐庑殿顶，面阔9间，内分9室，供奉皇帝祖先木主。后即祧庙，以一道红墙与寝殿隔开，供奉皇帝远祖。

太庙建筑突出皇权至尊至贵的地位，如主体庭院运用九五比值，大殿采用最高级建筑形式；艺术构思完整，如3座大殿通过规模、高低的对比群体组合，我国古代建筑在组群艺术处理上的优秀传统得以充分体现。主从分明，井然有序。

扩建孔庙

孔子是春秋末年思想家、政治家、教育家，儒家思想的创始者。由于孔子和儒家学说为历代统治者所推崇，孔子被誉为"集古圣先贤之大成"的"至圣文宣王"，因此，在全国各地修建的名人祠庙中，孔庙的地位最特殊，修建得也最宏阔壮丽。自汉代"罢黜百家，独尊儒术"起，孔庙被列为国家修筑的祭祀建筑。特别是自唐宋以后，尤其在明代，各名都大邑，及府县都普遍建孔庙，又称文庙，并常与府学合建在一起，形成左庙右学之制，成为府州县城市规划建设不可或缺的组成部分。

位于山东省曲阜市旧城中心的孔庙，占地约10公顷（1公顷=1万平方米），呈窄长的地形，前后总共有8进院落，由前导和主体两部分构成。前导部分纵深空间由横间分隔成大小、开合不同的3个庭院，层层门坊沿中轴线布列，周围栽种苍翠古柏，营造出祭祀建筑特有的宁静幽深、崇敬肃穆的空间环境，并以颂扬孔子圣德勋绩的内容命名，各门坊

太和元气坊

文字与建筑相配合，强化了人们景仰追思先哲的心境，体现了我国古代祭祀建筑特有的处理方法，进而烘托出祠庙建筑的纪念性、教化性。如庙门称棂星门，而棂星则是古代传说中的天上文曲星，暗喻进入此门者即能成为国家栋梁之才。第二道门称圣时门，因孟子有言"圣之时者也"称颂孔子而取其意。其余如太和元气、道冠古今、德侔天地、仰高、弘道等无不充满了对孔子颂扬之意。

孔庙的主体部分，自大中门起，仿宫禁形制，周围建有崇垣，四隅建角楼，过同文门为奎文阁，其阁共2层、3重檐，是孔庙的藏书楼。奎文阁后面13座历代帝王往曲阜拜谒孔庙时留下的石碑，碑旁排列于道路两侧，其形制相似，均为方形平面，重檐黄瓦歇山顶。庙主体庭院在大成门内颇为广阔，四周建有廊庑，沿中轴线顺次建有杏坛、大成殿、寝殿。

大成殿是孔庙最重要的建筑，是整个孔庙建筑群的核心，是供奉祭祀孔子的正殿。殿内中间立有孔子塑像，两侧是颜回、曾参、孔伋、孟轲四配以及十二哲像，殿面阔9间，长45.78米，进深5间，宽24.89米，总高达24.8米，黄琉璃瓦重檐歇山顶，大殿外共有檐柱28根，均是石柱，两山及后檐柱18根，八角形浅雕蟠龙祥云，前檐柱10根，浑雕双龙对翔图案，下部刻山石，形象生动，雕琢精细美丽。大殿建在二层石台基上，前有作为祭祀舞乐宽阔露台，殿外檐施和玺彩画，殿内天花板及藻井均雕龙错金。整个大殿异常巍峨庄严、金碧辉煌。

各地文庙建筑亦均以曲阜孔庙为蓝本，主要包括棂星门、泮池、大成门、大成殿及作仪礼和舞乐的露台，曲阜孔庙成为文庙建筑的标准模式。

经历代统治者不断重修扩建，曲阜孔庙由最初三间旧宅扩充为占地约10公顷的"缭垣环护、重门层阙，回廊复殿，飞檐重栌"的宏大庙宇。其建造历史跨度长达2000多年，这在中国乃至世界建筑史上都是极为罕见的。孔庙建筑本身体现了中国古代建筑的艺术精髓，建造孔庙则体现了历朝历代统治者均以孔子为尊，儒学为本的思想统治。

铸成中国最大的铜钟

中国已发现的最大的青铜钟永乐大钟，铸成于明永乐年间（1403 年—1424 年），该钟也是世界上著名的大钟之一。

永乐大钟合金成分为：铜 80.54%、锡 16.40%、铅 1.12%。铜钟是用泥范铸造的。钟身用圈形外范分 7 层，逐层与范芯套合，至钟顶部，将先铸成的钟纽嵌入，浇铸后成为一体。

永乐大钟通高 6.75 米，肩外径 2.4 米，口沿外径 3.3 米。钟壁厚度不等：最薄处在钟腰部，厚 94 毫米；最厚处在钟唇部，厚 185 毫米。重约 46 吨。钟体内外遍铸的端正清晰的经文，共 227000 字，相传是明代书法家沈度的手迹。钟声和谐洪亮。

永乐大钟在北京德胜门铸造厂铸成，后移入城内汉经厂，明万历年间（1573 年— 1620 年）移置西郊万寿寺，清雍正十一年（1733 年）移置觉生寺（今俗称大钟寺）。

永乐大钟

盆景、瓶花艺术昌盛

　　盆景和瓶花艺术在明代发展到达昌盛的境界。

　　明以前，我国制造盆景就已有相当深的造诣。明代盆景制作，着重可以放置案头之上。特点是摹仿画家，特别是宋代画家如马远、郭熙、刘松年等人的山水画意境。其取材种类与搭配很讲究，选取高可盈尺，本大如臂的天目松；或选取古拙有态的古梅独本栽植；或用一枝两三梗者，栽上三五窠，结为山林，排匝高下参差，再配上奇石古笋。对盆的选择及盆景的陈设也有讲究，盆要古雅，陈设时小盆景不能架在朱几上，大盆景不能放在官砖上，而以旧石凳或古石莲磉为座才佳。

　　明代瓶花艺术得到大发展，出现了有关专著《瓶花谱》《瓶史》等。详细介绍容器和养花用水的选择，切花的剪取和保养瓶花的配置及插瓶注意事项。

　　关于养花的容器应根据摆设瓶花的环境来行动，大堂里用高瓶，书斋里瓶要矮小。养花用水不能用井水，井水味咸，花不茂盛，宜用河水或天降雨水。切花须拣那些能开放一段时间的，折花要取半开，而不是大开的花。为了瓶花持久，切花剪取后进行如下处理：梅花切折，用火烧折处，加泥坚固；牡丹初折宜灯灼折处，软丁就歇；栀子花初折，宜捶碎其根，擦上少许盐。对瓶子花配置的原则是花与瓶要匀称，花稍高于瓶；小瓶插花要瘦巧；瓶花每到夜间，宜放在无风处，可观看数天。以上原则，仍是今天瓶花艺术所要遵循的。

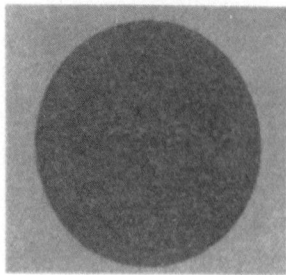

明雕漆双雀纹圆盒

明中叶出现资本主义萌芽

随着明朝商品经济的活跃，社会分工得到发展，并由于推行"一条鞭法"带来的封建人身关系的松弛，从而市场上出现了自由劳动力买卖，雇佣关系得到发展，这些都为资本主义的萌芽创造了条件。

明朝中叶，即 15 世纪后，资本主义萌芽首先出现在江南地区的手工业中。工场手工业是手工业中资本主义萌芽的主要形式。杭州丝织业发达，许多机户开始雇佣纺织能手，付以一定的工资，丝织业中雇佣关系就此出现。

在明朝后期的苏州，机户甚至发展到 3 万家以上，受雇织匠的数量相当

常熟翁氏旧藏明人画《南都繁会景物图卷》

可观。机户一般出机，而机工出人力，完全脱离了生产资料，成为一无所有的劳动者。他们在一定程度上摆脱了政府的控制，是可以随意出卖劳动力的自由人。他们与依靠占用生产资料进行剥削的机户之间纯粹是一种资本主义性质的雇佣关系。

在矿冶业方面，随着民营矿业的发展，出现了不少规模较大的冶铁手工工场。在这些工场中，也出现了资本主义萌芽。如在徽州，有资本的富户租赁矿山，寻找矿穴，招集百姓，付以工资，促使他们炼铁以赚取利润。而在广东，冶铁业规模更大，从开矿、烧炭、冶炼到运输，形成了完整的生产线。这些工场中的劳动者都是雇佣而来的，与雇主之间具有资本主义雇佣劳动的性质。

明代后期，出现了一些拥有巨资、雇工很多的大型油坊，从中产生了资本主义生产方式的萌芽。这方面最突出的当推浙江嘉兴府崇德县石门镇的榨油业。万历年间，该镇共有油坊 20 家，雇有工人 800 余人，干一天活，可挣两铢的工资。很明显，这些油坊中的工人都是雇佣而来，丧失了土地，成为纯粹依靠出卖劳动力为生的无产者。他们与坊主没有任何的人身依附关系，油坊主人完全可以脱离劳动，依靠剥削雇工的剩余价值为生。类似这样的在其他地区榨油作坊亦有，如苏州吴县的新郭及横塘一带，就有不少人开设榨油作坊谋利。

农业中的资本主义萌芽主要表现为富裕农民或富裕佃农雇工经营商品性生产、地主雇工经营商品性生产和商人租地经营农业三种形式。主要地区是在苏、杭、嘉、湖等商品作物种植比较发达的地区。雇工们多数来自因地主兼并土地、官府征赋派役或在竞争中破产的农民。雇主雇工多者数十人，少者三四人。雇工按受雇时间长短分为长工、短工和忙工，受雇期间必须日夜为雇主照看田地。总之，明中叶不论是在手工业中还是在农业中都出现了资本主义的生产关系。

明代中叶中国出现的资本主义萌芽尽管局限于少数地区和行业，在整个社会经济中只不过是晨星数点，地位微不足道，发展也很缓慢，但它标志着古老的封建社会已经走向没落。

海外贸易的开拓

　　明代的海外贸易较之宋元两代有很大发展，通商范围、商品种类和数量都有所发展，海外贸易领域随着时间的推移和社会历史的发展被逐渐开拓。

　　宋代的中国，商品经济已有极大发展。重利的蒙元统治者也十分重视贸易的发展，这些都为明代海外贸易的进一步拓展奠定了一定的基础，是明代海外贸易新局面出现的前提。

　　明代海外贸易以明中叶嘉靖年间断代分前后两期。前期以官方垄断的朝贡贸易为主要方式。朱明王朝定鼎之初，攻击残元势力，防护北方边境是明太祖关注的重点，而沿海则重在防御，为此推行"片板不许下海"的严厉海禁。但为了维持统治集团对奢侈品和香料的大量需求，朝贡和贸易相结合的"朝贡贸易"被官方所垄断和控制。明太祖朱元璋在太仓黄渡设立市舶司专门管理朝贡贸易事务，但不久即被撤消，并在宁波、泉州、广州三地设置，到洪武七年（1374年）以后被固定下来，成为明王朝发展与海外诸国贸易关系的专门机构，分别管辖与日本、琉球和南洋各国的朝贡事宜，但对其间隔、时间、人数和携带物品数量有严格的规定，并有"勘合"作为贸易往来的凭证。这时的海外贸易包括朝贡物品和附进品都不征税。这一局面维持到弘治年间，才规定了一定数量的税率。

　　永乐皇帝在海外贸易方面推行了较为灵活和开放的政策，虽这时的海禁更为严格，但海外贸易却空前繁荣，朝贡贸易达到全盛期。它以郑和七下西洋为高潮，使中国的通商范围得到极大地拓展，以永乐三年（1405年）开始到宣德八年（1433年）前后28年中，郑和率领一支庞大的商船队完成了人类航海史上的一大壮举，所到之处包括越南、暹罗、马来半岛、南洋群岛，印度、波斯、阿拉伯以及非洲东岸的索马里等在内的30多国，并将随船携带的大量货物与所到之国进行易货贸易，使中国的直接通商范围遍及亚、非大陆。由于这次外交的成功，亚、非各国纷纷与明王朝建立了稳定的政治和经贸关系，使海外贸易额、贸易品种都大幅度提高，这时海外贸易的地域和规模都达到了前所未有的全盛状态。此后，由于政治经济等多方面的因素，官方垄断的朝贡贸易渐次衰落，到明嘉靖年间，遂被私人海外贸易所逐步取代，进入明代海外贸易的后期。

早在朝贡贸易垄断海外贸易之际，就有私人走私活动，但其发展非常缓慢，从事这一贸易活动的多是沿海大官僚、大地主和大商人，其雄厚的财力使得他们有能力制造航海大船并得到官府的庇护。朱纨奉命到浙江和福建打击走私贸易，但遭到了失败，为明后期私人海外贸易的发展提供了契机。随后，海禁被部分解除，私人海外贸易取得了合法地位。福建漳州海澄月港被

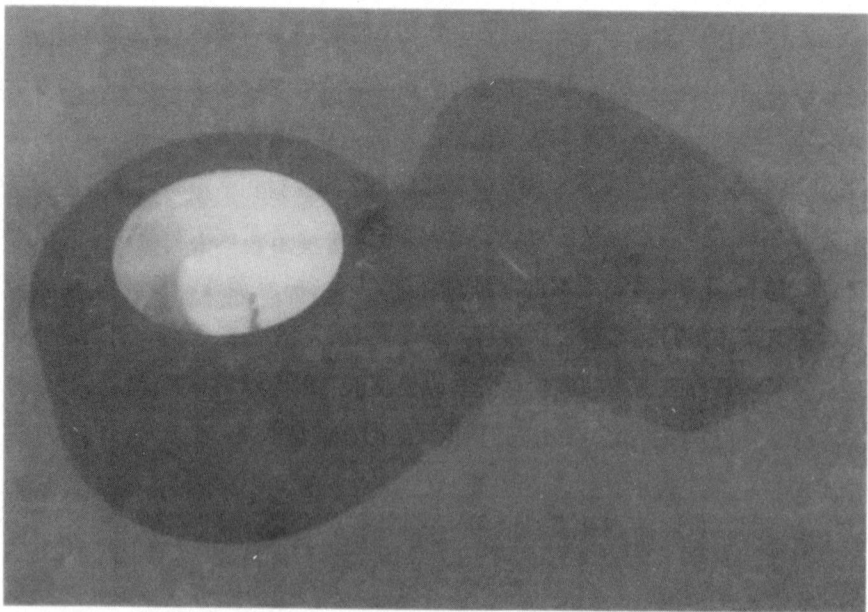

明代用于航海的水罗盘，通高9厘米，底径14.4厘米，口外径12厘米，口内径8厘米，盘高7厘米。

开放，成为私人海外贸易的场所和入海口。明政府在此设置了管理私人海外贸易的专门机构海防馆（后改名为督饷馆），管理也日趋完善，并制订了税法通则，对征税方式、税种、税率等作出了明确规定，还以颁发行票的方式控制和限定出海船只的数量和贸易地点，这时的贸易活动主要在南洋展开，而与文莱以西的南洋各国的交易更为频繁。

海禁的部分解除，并没有使走私贸易销声匿迹，相反，由于高额的税率，沿海破产人口的增多，海防废弛，走私活动更为猖獗，尤其是被严禁的中日贸易。这时每年到达日本的商船约在 30 至 70 艘之间。

明代的海外贸易，中国输出的商品以丝绸、生丝、瓷器为主，兼及铜器、铁器、食品、日用品及牲畜等，以之换取海外各国的特产和香料。《明会典》中记载的各国贡品已有 40 多种，多是犀角、象牙、玳瑁、玛瑙珠等奢侈品和香料，而万历十七年（1589 年）制定的《陆饷货物抽税则例》列举的商品有 100 多种，除香料和奢侈品外，还有少量手工品，流入中国的白银数量也很大。

明代海外贸易的拓展，不仅促进了明朝商品经济的发展和中国资本主义的萌芽，而且扩大了中国与海外各国的交流和政治文化往来，其经验和教训都值得我们借鉴。

宫廷教育形成

　　宫廷教育是一种有别于官学的特殊教育制度，以皇帝及皇太子为核心。明代宫廷教育，除宗学以外，皇帝和太子教育有专职教官、专门教材、专门的教学场所和讲学礼仪。主要分经筵和日讲，前者只给皇帝开设，后者皇帝和皇太子均开。

　　《明解增和千家诗注》书影。此为明代皇太子用的教科书，是中国最早带有彩色插图的图书。

　　经筵制度规定每年春秋季开始讲学，每月逢二的日子举行。春秋讲各九讲。春讲从农历二月十二日至五月初二，秋讲从八月十二日到十月初二日止。经筵时，皇帝乘肩舆至文华殿，朝臣大员身穿朝服依品级排列两旁，翰林院春坊等官员及国子监祭酒，在开讲礼乐中向皇帝进讲经史，预先由翰林院专职人员准备好的讲章一式两份，讲官、皇帝各一份，讲官只是照章宣读一遍而已，讲罢皇帝即赐群臣宴，无多少实质性的教育内容。

　　日讲，即每日给皇帝进讲，形式十分简单，一年四季寒暑不辍。讲学时，不用侍卫、侍仪、执事等官，也不用朝臣大员侍听。皇帝来文华殿，听讲读官进讲经史。讲读官由内阁学士一人担任。日讲教学相当严格，课程安排也有长期计划，讲学时间一般在上午。后万历年间张居正鉴于神宗年少，故延长时间至下午，称午讲。每逢三、七、九日，皇帝临朝处理政务或接受朝臣朝觐，则不排日讲。日讲的教学内容主要是儒家经典、历朝正史、宋明理学典要、明朝皇帝先祖制诰及祖规遗训、典章制度、处理政务的经验方法，以及文翰诗赋等，视朝之日不开讲学，但派翰林院文学之士入宫辅导皇帝诗文书法，或咨询解答疑难。入选为教官的均是各具所长的饱学之士。

　　皇太子的日讲在东宫进行，根据年龄及知识水平安排教学内容和教学计划，较系统，讲读官亦由翰林院士担任。

书院再次勃兴

明朝初年书院仅洙泗、尼山两所，是单纯的教育机构，没有什么特色。到了成化、弘治年间，书院复兴运动稍起。到正德、嘉靖年间，以阳明学派为主导的书院教育运动再次勃兴，形成不可阻挡的文化思潮。

明朝中叶书院的勃兴，有着深刻的政治、学术、教育诸方面的原因。明孝宗鉴于当时的政治危机，力图革新政治，在政治、经济、文化诸领域进行改良。首先，在政治上，广开言路，广纳思想解放有作为人才。弘治年间，孝宗就曾对大学士刘健说过讲官讲章时，可直言无讳，不必顾忌，一时间敢言直谏之士和有文武之才的人才，纷纷为朝廷所任用，他们成为国家政治势力的主体。

改良措施为言路大开创造了条件，并带动了学术文化等领域对传统和时弊的革除之举。其次，明孝宗不顾祖训，大胆征聘倡导与朱子学相异趣的以"整治人心"为指归的大儒陈献章。开始

明正德年间（1506年—1510年）创建的寄畅园（江苏省无锡市）。

意识形态的革新，革新统治并禁锢人们思想的"述朱"式理学思想和八股教育，将其自日益死板僵化的境地向新儒学方向改进。

陈献章江门之学首开弘治和正德年间反程朱理学之风，其弟子章懋、湛甘泉也都位至大官。湛甘泉到处建书院以祀其师；在京为官时，与王守仁讲学论道，提倡以"治心"为本的新学术新教育来革新程朱理学与理学教育的痼疾。这表明明中叶书院思潮以当时的新儒学作为革新程朱理学的旗帜，时代学术思想和教育实践进入了新的历史阶段。

明正德年间（1506年—1510年）创建的寄畅园（江苏省无锡市）。

其三，阳明学派对王阳明（王守仁）的权威偶像崇拜，是推动嘉靖年间书院运动勃兴的直接原因。王守仁继以陈献章为宗师的江门学派之后，将书院运动推向了高潮，并主导了明中叶的书院教育思潮。王守仁为拯救明王朝政治、道德、教育等方面的危机，以其超群胆识和讲学才能宣传他的"知行合一""知行并进""心即理""致良知"学说，反对程朱理学的"知先行后"学说，并先后恢复或新建了龙冈、贵阳文明、濂溪、白鹿洞、稽山、阳明书院等，并在讲学和建书院的过程中，形成阳明学思想体系和以该体系为核心的阳明学派。阳明学派顺应社会思想解放浪潮，纷纷建书院、讲舍、联讲会，聚徒讲学，引起一股书院讲学热潮，促进书院运动的勃兴，打破了成化、弘治以前的学术教条和僵化局面，开启了以王守仁为权威和阳明学派为主导的"心学"教育风气，并随着中后期资本主义萌芽、市民力量抬头、早期启蒙思潮的涌起，有力地推动了明代学术、思想、文化、教育的变革，使明清之际进步思潮的勃兴有了充分的思想准备。

王守仁死后，阳明学派在桂萼当国视阳明学为伪学并大禁的压迫下，仍日益兴盛，全国各地广建祠祭祀王阳明，到处设书院宣讲阳明学，使阳明学广播海内朝野，批判程朱的教育思潮急速高涨。

其四，以阳明学为时代主题和学术旨趣的书院教育运动，在中后期更加发展。阳明派书院讲学的重要人物自王艮、王畿等，直至明末的刘宗周等，在长期书院讲学和广建书院的实践中，逐步形成阳明学派各支派领袖人物，加上他们在政治、学术上的地位和影响，推动了明朝中后期书院教育运动的持续发展。

阳明学派掀起的书院讲学风潮，还推动了明朝中期各类书院讲会组织的迅猛发展。讲会的风气首创于王守仁扶植的安福惜阴会，在该会他提倡以集会讲学的方式来聚集天下豪杰之士，共同切磋学问以倡明学术。他死后，其弟子、门人纷纷建立各种讲会组织，以宣传阳明学派的思想和学术，进一步推动书院运动勃兴。书院讲学之风潮，尤其是阳明学派的讲学实践产生的巨大影响，使明中叶的学术、思想、教育界受到强烈的震撼，极大地冲击了恪守程朱理学的陈腐学风。

总之，明中叶勃兴的以阳明学派为主导的书院教育这一道学革新运动，打破了明初至弘治年间一统天下的"述朱"式理学及教育僵化局面，成为明代儒学发展的历史转折点，并促进了明中后期理学教育的转型。

中国开始使用地雷和水雷

　　明朝初年（15世纪初），中国已开始使用地雷。地雷是设置在地下或地面的爆炸性火器，早期的地雷构造比较简单，多为石壳，内装火药，插入引信后密封于地下，加以伪装，当敌接近，引信发火，引爆地雷，后多次改进。万历八年（1580年），戚继光曾制"钢轮发火"装置地雷：在一木匣内装钢轮和燧石，用绳卷于钢轮轴上引出，拉动绊绳，匣中的坠石下落，带动钢轮转动，与火石急剧摩擦发火，引爆地雷。此举大大提高地雷发火时机的准确性和可靠性，由于弹体的多样性，点火方式也多样化。地雷10多种，用铁、石、陶或瓷制成，发火装置有触发、绊发、拉发等，布设方式也多样化，有单发地雷也有"子母雷"。

　　水雷是布设在水中的爆炸武器，内设起炸装置和炸药，原理同地雷一样。明代水雷主要有4种，即水底龙王炮、混江龙、水底雷、即济雷，类似现在的漂雷和沉雷。最早的水雷当属"水底雷"，它是世界上最早的人工操纵机械击发的锚雷，实际上是一种拉发锚雷，将铁壳雷放入密封大木箱内，沉入水中，下用铁锚定位，上用绳索连发火装置拉到岸上，敌船接近，岸上伏兵拉火引爆。水底龙王炮是世界上最早的一种以香作引信的定时爆炸漂雷。用香作引信，点燃香头，香烬火发，进而爆炸。混江龙也是用绳索拉动发火装置等。

明兵学繁荣

明代是中国兵学的一个繁荣时期。当时战争频繁，战争的样式较前代增加，火器已经在战争中普遍运用。为适应新的军事形势，明政府开始重视兵学。在朝廷的推动下，兵学研究和兵书传播在明代盛极一时，形成了学习兵法，研究军事，著述兵书的社会风气。

明代兵学的繁荣，既得益于明廷提倡兵学的政策和制度，也得益于当时社会经济文化的发展和印刷技术的提高。兵学在明代的繁荣，主要表现在两个方面：一是兵学研究者的队伍扩大；二是兵书数量增多，质量提高，内容丰富且有特色。

明朝建国初期就设秘书监丞搜集兵书，朱元璋要求军官子孙讲读兵书，选拔通晓兵法的军事人才。明朝还以《武经七书》为教材，兴办武学，开设武举。所以在当时不仅领兵将帅研习兵法，就连文臣幕僚、文人学者、山野隐士也加入著述兵书的行列，扩大了兵学研究者的队伍。明代统兵将领大多谙熟兵法，他们善读古代兵书，并且进一步阐发古代兵学思想，结合自己作战指挥的经验，著述成书，大大提高了军事理论，涌现了一批善读兵书、作战灵活的将帅，如朱元璋、于谦、戚继光等。

明代的文臣幕僚也重视兵学研究，有的还写出一些军事专著，如吕坤为振兴边防，著《安民实务》一书，专讲练兵固防的举措。胡宗宪聘郑若增入府编辑《筹海图编》以抗拒倭寇侵扰。此外，明代学者游士为济时艰，纷纷弃诗从兵，发愤研究注释兵书。还有些山林野客，倾毕生心血于兵书著述，写出了《投笔肤谈》《草庐经略》等作品，具有较高的兵学价值。明代著名哲学家王守仁投笔从戎，散文家唐顺之编《武编》，文学家茅元仪编著《武备志》。明代还出现了《武经七书》的最好注本——《武经七书直解》。明中叶以后，兵学研究走向群体化，出现了一些兵学家群体。俞大猷与其师合著《续武经总要》，戚继光的《纪效新书》《练兵实纪》代表了明代兵学发展的最高水平。明末还出现了一批与外国传教士合作研究、译述西方先进军事技术的兵家群体，产生了中国最早介绍望远镜的专著——《远镜说》。

明代兵书数量大，内容丰富，思想价值也高。据《中国兵书总目》著录，明代兵书有1164部，约占中国古代兵书总数的27.5%，主要有大型综合性与分科专业性两类。大型综合性兵书在明代空前发展，它集治军、训练、阵法、指挥及兵器制造和使用为一体，具有很高的学术价值和实用价值。《登坛必究》《武备志》是这类兵书的代表。专业性兵书对军事训练、海防、江防、边防、城防、阵法、火药制造及使用等各个方面进行专门论述，这类书在明代也大量面世。此外，明代的一些奏疏、奏章中也有许多精辟的军事思想，甚

明万历十一年（1583年）绘印的长城图，所示系河北省迁安县冷口关管段的一段。

至文人的杂记、文集中也有不少军事内容，可见兵学在明代曾泛滥一时。

明代兵书表现出鲜明的时代特点：首先，明代已进入冷热兵器并用时代，此期兵书中有许多关于火器、火药、新战法、新军制等内容，出现了《纪效新书》等反映军事改革思想的代表作；其次，明代边患迭起，反对外族侵略的兵书应运而生，如《筹海图编》《登坛必究》等；再次，明代开始介绍西方军事技术，《火攻挈要》是这方面的代表作。可以看出，明代兵书普遍重视实用，从哲理方面探究兵法的书相对减少。

兵学研究、著述在明代发展到一个高峰，大批将士、文人投入兵学研究，既发展了中国古代的兵学思想，也提高了将帅的作战指挥水平，留下了一批兵学要籍，这对研究中国古代军事理论和军事技术具有很高的参考价值。

汤显祖完成"临川四梦"

明万历年间（1573 年—1620 年），著名戏曲作家汤显祖完成"临川四梦"。

汤显祖（1550 年—1616 年），字义仍，号若士，临川（今江西临川）人，出身书香人家，曾受学于进步思想家罗汝芳，结交反对程朱理学的达观禅师和李贽，他们的影响在很大程度上构成了汤显祖在创作中所表现出来的反抗和蔑视权贵，揭露政治腐败及要求个性解放的思想基础。宦途的波折使他进一步认识了官场的黑暗，晚年又受佛家消极思想的影响，从此绝意仕进，隐居写作。

汤显祖的主要创作成就在戏曲方面。28 岁时作第一部传奇《紫箫记》，10 年之后改编成《紫钗记》。49 岁时撰《牡丹亭》，罢官归里后又作《南柯记》《邯郸记》。《紫钗记》《牡丹亭》《南柯记》和《邯郸记》合称"临川四梦"，又称"玉茗堂四梦"。

《牡丹亭》是汤显祖的代表作，也是他的思想和艺术同时臻于成熟时的作品。主要内容是：杜丽娘怀春而死，书生柳梦梅进京赴试，借宿她的墓地梅花观，与她的阴灵幽会，于是掘墓开棺，杜丽娘起死回生，他们结为夫妻。同去临安，柳梦梅中状元。杜丽娘的父亲杜宝反对他们的婚姻，后因皇帝调解，有情人终成眷属。作品具有强烈地追求个人幸福、反对封建婚姻制度的浪漫主义理想，揭露了封建礼教对人们美好理想的摧残，歌颂了青年男女为争取自由结合的爱情而勇敢斗

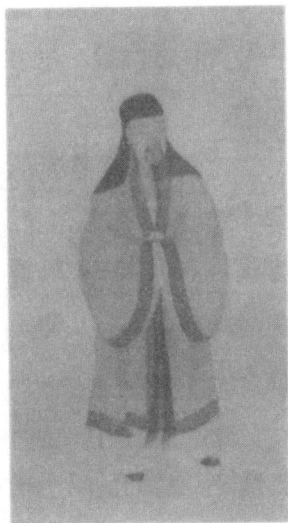

汤显祖像

明万历刻本《牡丹亭还魂记》

争的精神。《牡丹亭》是汤显祖把传说故事同明代社会现实生活结合起来的典范，是一部具有浪漫主义精神的杰作。

如果说《牡丹亭》主要表现汤显祖对至情理想的追求，那么其他"三梦"就是表现他对专制主义、封建权贵的批判，以及对唯利是图、尔虞我诈梦魇般黑暗官场的揭露。

《邯郸记》根据唐沈既济传奇小说《枕中记》改编而成。作品描写卢生在梦中从一无所有到富家小姐以成婚为条件用钱财买通司礼监和当朝权贵而及第状元，用鬼蜮伎俩建立了彪炳的功业。作者揭露了科举制度的腐败，抨击了统治阶级的荒淫奢侈及官场的倾轧、黑暗。《邯郸记》篇幅短小精悍，曲词自然简炼，耐人寻味。

《南柯记》根据唐李公佐的传奇小说《南柯太守传》改编。主要内容描写醉汉淳于棼利用瑶芳公主的关系官位升至左丞相，最初在仕途上有所建树，而最终在官场倾轧中堕落。作者运用谈玄礼佛的描写，以佛道思想来处理淳于棼的权欲问题，这与作者晚年受宗教思想影响有关，给作品带来了虚幻的色彩。

《紫钗记》根据汤显祖早期的作品《紫箫记》修改而成，取材于唐人传奇小说《霍小玉传》，主要描写霍小玉和李益借坠钗、拾钗的机会，建立了感情，专横的卢太尉从中作梗，黄衫客豪爽任侠成全了他俩。作者善于创造氛围、生动描写人物的心理，成功地刻划了霍小玉的一往情深、李益的文雅多情、黄衫客的仗义相助、卢太尉的专横自私，等等。

汤显祖是明代戏曲史上最杰出的戏曲家。"临川四梦"流溢着浓重的悲剧情调，透露出清代文学感伤主义的先声，这种感伤主义在后来的《长生殿》《桃花扇》《红楼梦》中表现得尤为浓烈。

三殿三阁制定形

　　清初，议政王大臣会议是最高的中枢机构，政府权力集中在少数满族贵族手中，不适合中原统治的需要，随着王公旗主势力的削弱而趋于衰落。顺治十五年（1658 年）改内三院为内阁，大学士兼殿阁衔，共分四殿二阁：中和殿、保和殿、文华殿、武英殿、文渊阁、东阁，乾隆时减去中和殿，增加体仁阁，遂成三殿三阁之制。

　　内阁设在午门内、太和门外，通常设大学士 4 人、协办大学士 2 人，内阁学士、侍读学士等属官若干。清初大学士仅为五品官，雍正时提升为正一品。品级最高，但主要职权不过是听命皇帝草拟诏旨而已。雍正年间设立军机处后，军政大臣集中军机处，内阁实际上名存实亡。由于内阁大学士位虽尊而权不重，因此常常作为对某些大官明升暗降的一种措置，以调整统治集团内部权力关系的平衡。

俄国使臣来华

顺治年间，俄国使臣三次来华。顺治十二年（1655年）5月24日，俄国使团的先遣者阿布林到达北京。由于他未带表文，顺治"特颁恩赐"，令其带回，"昭朕柔远至意"。顺治十三年（1656年）初，巴伊可夫率领的俄国正式使团到京。清廷命使团先交出国书和礼物，然后由皇帝接见；而巴伊可夫则坚持皇帝接见时交国书和礼物，并称接见时只行国礼，不跪拜，立而授表文。清廷以使团不谙朝仪，不令朝见，退其贡物后令他们立即回国。第二次是顺治十四年（1657年），俄使臣又携带表文至京。第三次是顺治十七年（1660年），俄国使臣佩尔菲利耶夫、阿布林等受俄国沙皇的派遣，携带沙皇的国书，于5月3日到达北京。俄国使团此次来华的任务主要着重于同中国的贸易。由于表文中沙皇自称大汗，"不遵正朔""语多不逊"，清廷群臣提出应退其贡物，驱逐使臣。顺治帝下诏谕示，对表文中矜夸不逊处可加涵容，令议政王大臣宴请，察收贡物，"量加恩赏，但不必遣使报书"。

荷兰使臣来华

　　顺治年间，荷兰为谋求解决中荷两国贸易问题，两次遣使来华。第一次在顺治十年（1653 年）初，荷属巴达维亚（今印尼首都雅加达）总督卡里雷涅兹获悉中国皇朝改元，派使者到广州，要求平南王尚可喜、靖南王耿继茂允许通商贸易。两王不敢擅作主张，上报朝廷后，顺治帝以无表无贡、诚敬不昭为由，拒绝贸易。第二次在顺治十二年（1655 年），巴达维亚新任总督如翰没碎格正式遣使来华。使者携带的总督给顺治帝的信中要求"凡可泊船处，准我人民在此贸易"。次年 2 月荷兰使者由广州动身进京，曾受到礼部的宴请和顺治帝的召见。使者所带礼物相当厚重，表明荷兰要求与中国通商的迫切心情。但顺治帝只把来使当作一般的属国通贡，并未准诺其自由贸易的请求。荷兰使者又一次扫兴而归。

天后宫过会图。描绘了清代天津各界人士在天后宫街道上举行重大活动。

金人瑞评点群书

明末清初，著名文学批评家金人瑞评点群书，在小说戏曲创作理论方面做出了引人瞩目的成就。

金人瑞（1608 年—1661 年），名采，明亡后改名人瑞，字圣叹。江苏吴县（今苏州）人。生性狂傲不羁，无意仕途。清顺治十八年（1661 年），世祖去世的消息传到吴县，当地一百多诸生哭于文庙并请求驱逐酷吏县令任维初。金人瑞就是其中的一个，事后以倡乱罪处斩。

金人瑞一生博览群书，好谈《易》及佛，常以佛理诠释儒、道。他对《庄子》《离骚》《史记》《杜诗》《水浒》《西厢》最为推崇，称之为"六才子书"，并逐一详细评论。他的评论比较注重思想内容的阐发，往往借题发挥，议论政事，其社会观和人生观灼然可见。如在《水浒》评中，他认为梁山寨一百零八将"不得已而尽入于水泊"，是"乱自上作"，从而肯定了梁山英雄的反抗行为。他称《西厢》为"天地妙文"，赞美崔莺莺、张生的叛逆行为，揭露封建礼教对人性的摧残。另外，他还用佛教的虚无思想来解释人生的价值。

金人瑞文学批评的精彩之处在于对作品的艺术分析。他的评论方法是"直取其文心""略其形迹，伸其神理"，实即旨在探索创作规律。他把人物性格的塑造放在首位，认为《水浒》之所以给人百看不厌的感觉就是"把一百零八个人性格都写出来"。同是粗鲁，"鲁达粗鲁是性急，史进粗鲁是少年任气，李逵粗鲁是蛮，武松粗鲁是豪杰不受羁勒"，所以"定是两个人，定不是一个人"。他指出描写一个人的性格应注意多面性、复杂性，要善于表现人物性格的统一性、连贯性。如《水浒》中写李逵朴实中有狡猾的一面，"李逵愈

清贴黄云龙纹砚盒

奸猾，便愈朴至"。烘托人物性格，要靠冷静细致观察，要靠设身处地的体验，要"动心、现身"。他也很重视故事情节的变化，认为情节要出人意外，"奇恣笔法""龙跳虎卧"，整篇结构要具完整性。另外，在创作手法上，他提倡多样性，"临文无法便成狗嗥"。在创作灵感上，主张："灵眼觑见，灵手捉住"。总之，金人瑞已提出了较为系统的小说戏曲创作理论。

金人瑞一生评点古书甚多。除"六才子书"外，还有《唐才子书》《必读才子书》《左传释》《古传解》《孟子解》《法华百问》《宝镜三昧》《周易义例全钞》《三十四卦全钞》《语录类纂》《圣人千案》《随手通》等。

清嘉庆携琴访友图剔红笔筒

南怀仁修正历法

康熙七年（1668年）12月，南怀仁劾奏钦天监监副吴明煊所修历书有差错，指出原历所定康熙八年内闰12月，应是次年（康熙八年）正月，且有一年两次春分、两次秋分种种误差。15岁的康熙皇帝不持偏见，命20名朝廷大臣将南怀仁、吴明煊两派人物一齐召集到东华门观象台进行实测。验证推算历法的结果，立春、雨水、太阴、火星、木星与南怀仁所指诸款均相符合，而与吴明炬所修者不合。后经再次评议，证明杨光先身为监正，解决不了历日的差错，且袒护吴明炬，攻击西洋历法。于是康熙传旨，将杨光先革职，任南怀仁为钦天监监副，并更正以前历书中的错误。以后节气占候，均从南怀仁之言。南怀仁任职后，改造了观象台仪器，制成黄道经纬仪、赤道经纬

清代历书书影

藏历的封面画页，其年代，据考证应在明清之际（约17世纪中叶）。布质，彩色写绘而成。内容有十二生肖、五行、八卦、九宫（即三三幻方）、飞九宫和卜算用的其他图表等。

仪、地平经仪、纪限仪、天体仪，并绘图立说，编成《灵台仪象志》一书，为此，清廷特擢升南怀仁为监正。康熙十三年（1674年），加太常侍卿。十七年（1678年），著成《康熙永年历法》32卷，加通政史。二十七年（1688年）南怀仁死，清廷赐谥"勤敏"。

清朝建成中国最早的中央档案馆——内阁大库

清初，在北京紫禁城内阁大堂东侧设内阁大库，归属内阁掌管，收藏中央政府和宫廷重要档案及其他文献资料。这是中国最早设立的中央档案馆。分红本库（俗称西库）和实录库（俗称东库）两座库房。红本库主要收藏清入关后历朝每年六科缴回的红本（即经内阁阅批的题本）；实录库主要收储明代档案、满文老档、实录、圣训、起居注、史书、敕书、诏书、表章、舆图、黄册、乡试录和各种书籍等。内阁下设典籍厅和满本房掌管其事。典籍厅掌管红本及书籍表章，满本房掌管实录、圣训、起居注、史书及其他档案。因管理不善，历朝档案均有较大损毁；又因档案数

满文老档

量太多，库房不敷应用，多次销毁档案。宣统年间，又一批档案拟销毁，后经学者力阻，改为移交学部。大量内库档案由此流散社会。

内阁大库总建筑面积 1295 平方米。砖木结构，门窗以铁皮包裹，窗中装有铁栏以防盗，有通风设备，并以穴窗防尘。但室内木质构建较多，不利防火。

中华人民共和国成立后，内阁大库多次修缮，条件大为改善。1976 年，库藏档案迁进西华门新建库房，由中国第一历史档案馆保管，内阁大库改藏文物。

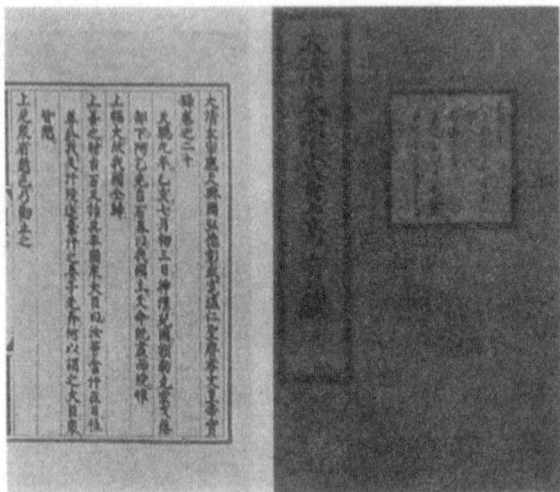

《清实录》中的
《太宗实录》

民间竹刻兴盛

　　竹刻因其材料低廉易得成为清初民间主要雕刻艺术品种之一。清代民间竹刻受到文人绘画艺术风格影响，竹刻技法不断创新，体现出自我表现、标新立异的风格。

清贴黄龙纹竹丝编织笔筒

清贴黄春字四子盒

　　嘉定为民间竹刻主要产地，风格自成体系，被称为嘉定派。清代前期一百多年中，嘉定竹刻继续并发展了明代嘉定派的风格，进入鼎盛时期。在这段时期里，嘉定竹刻品种齐全多样，高手众多，其中较有影响的竹刻家有吴之璠、封锡禄、周颢、潘西凤等，被称为"竹刻四大家"。

　　吴之璠，字鲁珍，号东海道人。擅长多种竹刻技法，如立体圆雕、透雕、高浮雕等，而且还另出新意，发明浅浮雕技法，能运刀于纸发之际、丝忽之间，见微妙之起伏。后人称为"薄地阳文"，代表作品如《松荫迎鸿》《滚马图》《牧牛图》等刻件。而且他善于利用景物的遮掩压叠，在浅浮雕的有限高度上刻出远近不同的层次，颇有透视的效果。此外，他还善于利用竹子的质地构造，竹子朴质无华的质地与肌肤润泽表层上的精刻细雕的图文形成对比，相映生色。由于吴之璠的竹刻技法颇多创新，影响很大，其嫡传弟子以及受其影响的艺人很多，以致在康、雍之际（1662年—1735年）形成了一个以吴之璠为首的竹刻流派。

　　封锡禄，字义侯。其兄弟三人都善刻竹，康熙四十二年（1703年），他们三人同时入值养心殿，名噪一时。锡禄擅长圆雕，传世作品仅存上海博物馆藏罗汉像，可见其刻技神采。周颢，字芝岩，号雪樵，尧峰山人，晚号髯痴。善绘画，古贤山水、人物画皆工，尤好画竹。他"以画法施之刻竹，合南北宗为一体"，擅长以多种刀法刻画各种题材。其中尤以阴刻山水，掺有南宗画法，最为时人所称道。代表作品有《松壑云泉》《溪山渔隐》等笔筒。他是中国竹刻史上第一个将南宗画法融入竹刻的艺术家。潘西凤，宁桐冈，号老桐，浙江新昌人。自幼饱学经书，因困顿维扬，才以刻竹为生。他擅长浅刻，随意刮磨而有朴实自然之趣。此外，清代前竹刻大家还有邓孚嘉等。邓氏擅圆雕，又以善刻折枝花卉著称于世。

　　清代中期以后，贴黄器制作兴盛，竹刻工艺逐渐衰落，代之而起的只有平面的刻画、刻字，竹刻艺人也沦为刻工了。

广陵曲派形成

　　清代前期，相对稳定的社会环境促进了七弦琴艺术的进一步发展。这一时期，著名琴人辈出，重要琴谱相继刊行，理论方面也有所建树，在江浙一带最为兴盛。最能代表这一时期七弦琴艺术成就的流派是扬州一带的广陵派。

　　广陵派由明代虞山琴派发展而来，继承了虞山派的传统，人才济济。清代广陵派首创者徐常遇，是顺治年间扬州人，字二勋，号五山老人。他在传统琴曲的增删发展问题上持慎重态度，认为今人应尽力保留古曲的本来面目。他编有《琴谱指法》一书，收集整理了一些重要的古曲谱，后来经过他的儿

清贴黄海棠式盘

子徐祎等人校勘重刻后，更名《澄鉴堂琴谱》，并以此名流传于世，是广陵派最早的琴谱集。广陵派后起者徐祺，也是扬州人，他广泛研究各派乐曲，编成《五知斋琴谱》8卷，共收录33曲，以虞山派乐曲为主，此谱流传广泛，影响深远，它以记谱精密而著称，旁注中常常写有徐祺加工发展之处和评语，此外还有解题和后记。《五知斋琴谱》编成54年后，才由徐祺之子徐俊在他人协助下于康熙六十一年

清竹雕龙纹尊

（1722年）刊行。继徐祺之后，广陵派代表人物有吴灴，他是仪征人，主要生活在广陵派鼎盛时期。他编成《自远堂琴谱》12卷，广收曲谱，共82曲，也是广陵派重要谱集。广陵派发展晚期有重要人物秦维瀚，他著有《蕉庵琴谱》，也很值得重视。

广陵琴派名家辈出，为推动七弦琴艺术发展作出了重要贡献，并且留下许多很有价值的琴谱，为后代琴家保存了重要的参考资料。

清军攻占昆明·三藩之乱结束

平定吴三桂后清廷颁布的善后诏谕

康熙二十年（1681年）2月，清军定远平寇大将军章泰、征南大将军赖塔兵抵昆明，取得归化寺大捷，大败吴世璠军。10月，清军各路将帅以重兵围困昆明，吴世璠死守昆明。18日，在康熙帝旨意下，清军攻取昆明的战役开始，征南大将军赖塔进军银锭山，绥远将军蔡毓荣领兵夺取重关和太平桥，勇略将军赵良栋、征南将军穆占等挥军夺取东、西二寺。22日，清军再次猛攻昆明，取得胜桥、大东门、草海和华浦。吴军城中断绝了粮草、火药供应，军心惶惶。吴军将领余从龙等出城投降，线缄等人密谋生擒吴世璠、郭壮图以献清军。28日，吴世璠、郭壮图及其子自杀。29日，线缄、吴国柱等将领开城迎降，清军于是进入昆明城，清军戮吴世璠尸体，传首京师。这一次战役，吴军投降文武官员有1580余人，士卒有5130余名。到这时，云南大捷，三藩之乱结束。康熙二十一年（1682年）正月，康熙帝命将吴三桂骸骨分发各省，将吴世璠首级悬挂示众，其死党夏国相凌迟处死，巴养元等五人立即斩首，其余人根据罪情分别处置。

王夫之终结宋明理学

王夫之（1619 年—1692 年），字而农，号姜斋，湖南衡阳人。晚年因隐居衡阳石船山麓，被人称为船山先生。他出身于书香门第。自幼承继家学，博览群书，名振乡里。然而，科举三次落第，崇祯十五年（1642 年）第四次乡试才中了举人。那一年末，与其兄赴京会试，因李自成、张献忠农民起义而阻断了道路，未能成行。次年 9 月，张献忠攻下衡阳，邀请王夫之兄弟加入起义军被拒绝。顺治五年（1648 年），具有强烈民族意识，不满于清廷的民族高压政策的王夫之，在南岳衡山策划武装抗清，因泄密而落空。后投奔南明桂王，任行人司行人之职。他目睹了统治阶级内部争权夺利的相互倾轧，竭力抨击"结奸误国"的东阁大学士王化澄，几乎惨遭残害，被迫逃离而投奔桂林抗清将领瞿式耜。瞿牺牲后，王夫之流浪于湖南荒山野岭之间达 4 年之久。顺治十四年（1657年）才辗转返回衡阳，隐居石船山著书立说。

在强烈的历史责任感驱使下，王夫之在极度艰苦的条件下，坚持学术研究，不间断著述活动。其著作内容宏富，广泛涉及政治、经济、哲学、史学、文学、训诂、

王夫之像

119

天文等方面。流传至今的或有目可考的尚达100多种，398卷。《张子正蒙注》《周易外传》《尚书引义》《读四书大全说》《思问录》《黄书》《噩梦》《搔首问》《俟解》《读通鉴论》《杂论》《老子衍》《庄子通》《诗广传》等。

王夫之继承和发展了张载以来的唯物主义的"气"本论，明确提出了"太虚即气"、"太虚一实"的命题。认为宇宙万物的产生、变化都是"气"聚散的结果。他对气的物质性作出了更高的哲学概括，认为"气"是永恒不灭的，客观世界的变化，只是物质形态的"气"的有形与无形的转化。这一哲学命题成为批驳佛、道的有力武器，并以此为出发点，破除理学家对"太极"的神化，使程、朱理学的唯心主义哲学基础彻底动摇。"太虚一实"的"气"本论，坚持了理和气的一致性，批驳了程朱理学的"理在气外""理本气末"的谬误，认为理不能脱离物质性的气而存在。

湖南衡阳王夫之故居

针对理学家"道本器末""理在事先"的观点，王夫之提出"道在器中"，不能离开用来标志具体事物的"器"来讲"道"——标志事物共同本质及其规律，从而揭露了佛、道和宋明理学形而上的本体论的虚伪本质。以"太虚一实"的"气"本论为出发点，承认客观世界的物质性，进而得出客观物质世界的固有属性是运动，"太虚本动""变化日新"的辩证发展观。肯定了运动的绝对性和静止的相对性，在二者关系上也坚持了其互相依赖和包含的关系，驳斥了佛、道、理学中割裂动静关系的错误言论。王夫之认为事物的运动变化，是事物内部对方——"两端"相互斗争的结果。二者"相峙而并立"为"分一为二"，又"相倚而不相离"为"合二以一"，即既对立又统一，事物都是矛盾统一体。其斗争性是事物矛盾转化的根本原因。

王夫之的"气"本论是古代唯物主义思想的集大成，使我国的朴素唯物辩证法的理论形态发展到了顶峰，为明清之际的实学高潮奠定了坚实的哲学基础。在此基础上，他坚持"行可兼知""言必有证"的知行统一观和务实学风，与理学"知先行后"的唯心主义根本对立。同时也抨击了心学"知行合一"的主张。对割裂"知"与"行"即理论和实践关系的理学，混淆"知"与"行"的心学都全面地予以否定。此外，他针对理学家"存天理，灭人欲"的思想，提出"理欲统一"的论点，认为"天理"和"人欲"并不是截然对立的，而是统一的。"天理"就存在于"人欲"之中。佛、道及理学的宗教禁欲主义至此也彻底破灭了。

总之，王夫之以我国的朴素唯物辩证法思想为哲学基础，彻底批判和抨击了宋明理学和佛道的某些思想。试图通过对理学的批判探究明王朝的兴亡得失，寻找历史发展的规律，作为后世的鉴戒。

康熙第三次南巡

　　康熙六次南巡，主要目的都是视察河防。康熙三十八年（1699年）正月，康熙以黄、淮连年溃决耗费巨资而无成效，于是决定第三次南巡，查看河道，指示方略，并巡历江浙，察吏安民。2月3日，康熙帝南巡启行，于大通桥乘舟南下。12日，康熙泊桑园，命直隶巡抚李光地等往视漳河与滹沦河，如漳河故道可寻，即可开通引入运河；如虑运河难容，即于运道之东别开一河，使之赴海。18日起，康熙帝只乘一舟，减少扈从，昼夜前进，往阅黄河以南各处堤防。在高家堰、归仁等处堤工，以河工敝坏，令原任河督董安国、原任河道冯佑于运口等处挑浚引河、修筑水坝赎罪。3月1日，康熙召见桑额、于成龙、徐廷玺等，详加指示治河方略，并命于成龙委派效力人员从速开浚下河海口。6日，康熙帝舟泊高邮州，指出经过测量河水比湖水高出四尺八寸，湖石堤被水浸坏，命于成龙迅速派人查验修理，4月4日，康熙渡太湖。13日，祭奠明太祖陵，并检阅江宁驻防官兵。21日抵达扬州府。27日，康熙帝渡黄河，乘小船沿途巡视新埽，就修防诸事指示于成龙。5月17日，康熙帝返回京城。此次南巡历时103天，康熙自淮南一路详阅河道，亲自登堤测算黄河、运河及洪泽湖水位，尤其对那些关系全局的中心工程，康熙更是亲临视察，亲作部署，从而有力地保证了治河成效的取得。

施青天治湖南

康熙四十年（1701年）12月，施世纶升为湖南布政使。施世纶，字文贤，汉军镶黄旗人，施琅之子。世纶为官聪敏果决，经常打击抑制豪强狡猾之徒，对下级小吏也管禁严格。所到之处，政绩颇佳，人民称其为"青天"。淮安水灾，世纶前往督工，侍从数十人。其中有人在驻地骚扰百姓，世纶对不法者予以严厉制裁。湖北兵变，官兵授军路过州境，世纶备好军粮，让吏人手执梃杖隐队等候，如看见军队有骚扰民众的举动，就立即逮捕治罪，过境士兵因而没有扰民之举。扬州市民喜好游荡，世纶大力禁止，民风民俗因而为之一变。如果百姓与生员争论而打官司，世纶必然维护百姓；生员与缙绅争讼，则必然维护生员。康熙帝极为欣赏，于四十年12月任命他为湖南布政使。四十四年，升任太仆寺卿。次年，又授顺天府府尹，四十九年，升任户部侍郎，督理钱法。五十四年，调漕道总督。六十一年逝去。

康熙帝第四次南巡

康熙四十二年（1703年）正月16日，康熙帝从京师启程，开始第四次南巡。25日至长清县黄山店，夜间大风，南村失火，康熙帝命大臣侍卫等前往救火。第二天下命，凡该村失火房屋，每间给银3两。26日，康熙帝驻泰安州，登泰山。同时下令免去山东受灾歉收25州县康熙四十一年未完钱粮，康熙四十二年钱粮分3年带征。2月1日，康熙帝谕示山东巡抚王国昌，应妥善抚绥灾民，避免出现流离失所的局面。官民可自愿以银米赈灾，降革官员许以赈济赎罪，2日，又命张鹏翮以漕米2万石遣官运往济宁、兖州，桑额以漕米2万石于泰安进行平粜散赈。5日，康熙帝渡过黄河，至淮安府，视察河堤，传旨张鹏翮在黄河烟墩等3处筑水坝。11日，康熙帝到苏州。在接见偏沅巡府赵申乔时说，湖南私征比正赋多数倍，收钱粮时所耗也比别省为烈，百姓穷困，应严饬属员痛改前非，力减所耗，尽革私征，务使流离者返乡务农。15日，康熙帝抵杭州，检阅驻防官兵，并赏以银两。21日，谕各省督抚等官各将藏书目录呈览。22日，对大学士强调，地方督抚安静而不生事，于民有益。如果只仗才干，不体民情，以争先出众为目的，必然使老百姓遭殃。3月2日，康熙帝察看高家堰堤，谕示防险人员应挑选此县丞职衔稍大，家产殷实的人担任，他说，此类人知道自爱其家，又有选用之望，必能尽职防守。

康熙帝于3月15返回北京，结束第四次南巡。

梅文鼎融通中西数学

清初，随着西方科学知识的传入及统治者对自然科学的重视，中国知识分子形成了一股学习西学的潮流，出现了一位融通中西数学的伟大数学家——梅文鼎。

梅氏的数学研究范围广，其中"融通中西"是他数学工作的一个重要方面。他积极主张"汇通中西"，将两个不同传统的数学体系融合在一起，以便顺利地吸收西方数学成果，并为此做了大量的工作。首先，他努力整理西方数学，并对其做出明确的阐发，把平面几何学、球面三角学、平面三角学、立体几何、笔算、纳贝尔筹算、比例规等分别按照逻辑重新编排，改正错误，补充证明，使零散传入的数学知识系统化。其次，他对传统的方程论、开方术、内插法等做了不少整理和探讨，并在此基础上，把纳贝尔筹和笔算都改成中国式，又试图用勾股理论来汇通西方初等几何等。最后，在整理、阐发中西数学成果的同时，梅氏将获取的大量成果撰写成大批论著，共计100余种，在正多面体和半正多面体、勾股互求、勾股圆相容、三角理论、理分中末线、几何作图、算术运算律等，特别是在球面三角学和画法几何方面有不少创见。如利用立体几何模型和投影原理把球面三角形问题化为平面几何问题加以研究和解决，取得了出人意料的成果。他的论著图文并茂，论述精辟，语言流畅，研究起来十分方便。

《皇舆全图》开中国近代地图先河

　　《皇舆全图》，清康熙时绘制的中国地图。又称《皇舆全览图》《清内府一统舆地秘图》。康熙四十七年至五十八年（1708年—1719年）编制。该图是采用近代科学方法绘制的第一张中国全图，因此极具开创意义。

　　西方的测绘地图技术在明末由传教士利玛窦等传入中国，清入关后很受重视。清初，传教士汤若望、南怀仁相继任职钦天监，其教友则游历中国各地，并且测绘地图，清圣祖玄烨受其影响，决定测绘全国地图。由于当时的清朝缺乏专项人才，因此此项工作主要由西方传教士担任。康熙四十七年至五十四年，他们采用当时世界先进的经纬度测绘法，在中国大部分地区进行实地测绘。后由法国传教士白晋等统一审校、缀合，于五十八年完成。

　　《皇舆全图》计全图一张，离合共32帧。另外还有分省图，每省各一帧。全图之比例尺约为

皇舆全览图

140 万分之一，长宽各数丈。凡山川、府州县城及镇、堡等，都有所载。内地各有注记用汉文，边疆地名则用满文。该图开中国实测经纬度地图之先河，是当时最详细的地图，也是研究中国清朝康熙以来历史地理变化的重要资料。其测绘方法虽不甚精密，西藏部分也有错误，但直至清末，其仍为绘制新地图的依据，在中国地图发展史上有着重要地位。

由于《皇舆全图》铜版在巴黎制造，因此该图流传到了国外。在国内，因图定为内府秘籍，故外间很少流传。直至 1921 年，该图才于沈阳故宫博物院发现，题名《清内府一统舆地秘图》，后由该院石印出版。

乾隆时曾以康熙《皇舆全图》为基础，于乾隆二十四年（1759 年）完成改订西藏部分错误和新疆测量工作，编绘《乾隆十三排地图》，全图共 104 帧。1925 年北京故宫博物院发现铜版 104 方，1931 年审定为乾隆时《皇舆全图》，并由该院重印，题名《清乾隆内府舆图》。

中国风盛吹欧洲

中国对于欧洲人来说，一直是一个神秘的国度。但到了清初，随着欧洲传教士来华并受重视，康熙帝对西方科技文化大为赞赏，要求和西欧保持长久和深远的联系，中国和欧洲的联系才逐渐紧密起来，中国的瓷茶对西方文化产生了极大影响，从而使18世纪的欧洲盛吹中国风。

18世纪欧洲的中国风潮，确切地说是由食用中国茶叶开始的，发展到追求华瓷和效法中国图样的丝绸、中国风尚的庭园建筑和室内陈设，乃至出门乘轿成风，从生活到艺术，自工艺到技术，直至思想领域，都浸透着欧洲人对中国文化的渴求和期望。

首先是茶叶成为欧洲都会的一大饮料，茶文化随着饮茶的风气逐渐进入欧洲。茶文化西渡，又为花色年年翻新、式样层出不穷的瓷器外销打开了销路，在欧洲卷起了一股追求华瓷的热浪，这股热浪在艺术上酝酿成讲求自然生动、变幻飘逸的洛可可风格，取代了讲求形式华丽的巴洛克艺术风格。

罗科科艺术首先和表现在瓷器、丝绸、刺绣、竹刻、玉雕等上的中国艺术里，那种超脱、幽雅、纯朴和纤巧的风格相一致，然后由装饰艺术推向建筑和园林，这在德国和英国表现得比洛可可运动中心的法国更为明显。

1719年，德国的马克斯·埃曼纽尔设计建造了一座中国式的塔院，使用了洛可可风格的蓝白色作装潢。此后，这类中国风格建筑散布很广。荷兰海特·罗、法国香德庐也是这类中国风格的建筑。

英国艺坛对中国庭园素以迎合自然、追求飘逸、恬静为旨趣的造园艺术极为向往。英国威廉·邓波尔爵士、文论家约瑟夫·爱狄生、诗人亚历山大·蒲伯以及法国画家都对中国式园林大加赞扬，经过他们的论述，中国园林所特具的疏落幽雅的美景，对欧洲造园艺术产生了很大影响。中国式的钟楼、石桥、假山、亭榭相继在欧洲各国出现。

中国式样的室内陈设，从壁纸到家具，皆为时髦；饲养金鱼在18世纪的欧洲也成为附庸风雅的社会风气。中国式绢制的折叠扇取代了16、17世纪时流行的羽毛扇；法国仿制的丝绸图案全部仿照中国式样。皮影戏被引入，称为"中国影戏"。在路易十四倡导下，乘轿热风行全欧。

随着元曲《赵氏孤儿》法译本（1734年）、英译本（1746年）、德译本（1747年）的出现，欧洲人对中国文学开始产生兴趣。后伏尔泰将之改为五幕剧《中国孤儿》在巴黎公演（1755年）。1761年后，十才子书之一的小说《好逑传》先后被译为英、法、德文出版，中国文学在欧洲拥有了许多读者。

吉林农村一户农民家的家谱

清代在商店、大银号挂的武财神关公像

孔庙体系完成

　　曲阜孔庙是孔子门徒在孔子生前居住的三间宅屋原址上建筑的。孔庙最早形成于前478年，即孔子死后的第二年。西汉以来，由于历代皇帝不断给孔子加封追谥，孔庙的规模也随之不断扩大。明清又几次重建，现存建筑除少数次要者为金、元所建外，大多数是明清的规划和清雍正时的遗物。

　　孔庙庙址纵长，南北长达600余米，占地21.8公顷。东北邻有衍圣公府，是历代"衍圣公"（孔门长房后裔）的衙门和府第。由南而北，孔庙分为九进。有三殿、一阁、一坛、三祠、两庑、两堂、十三亭、五十四门坊、碑碣

曲阜孔庙大成殿

2000余通。布局左右对称，气势雄伟，是中国现存的宝贵古建筑之一。孔庙的主体建筑是大成殿，高32米，重檐九脊，金碧辉煌，为中国古代三大殿之首。大殿前十根深浮雕二龙戏珠盘龙石柱是罕见的建筑艺术珍品。大成殿内供孔子，殿后寝殿供孔妻，左右廊庑列孔门弟子及历代贤哲牌位，共156人。另外，奎文阁、杏坛、圣迹殿、碑亭等处都有极高的艺术价值。庙东南侧有高5米的汉白玉孔子雕像。孔庙及附近的孔府、孔林合称"三孔"，均系国家重点文物保护单位。孔府是中国封建社会典型的官衙与内室相结合的建筑，保存数万件文物与档案。孔林是孔子及其家族的专用墓地，占地200余公顷，古木参天，碑碣林立。

　　曲阜孔庙和北京官式建筑形象一致，总观形制，颇似宫殿的缩小，又像私家宅第的放大。是中国历代帝王祭祀拜谒孔圣的地方，也是中国古代建设的典型代表。

大成殿蟠龙石柱

清宫丝织集古代工艺大成

　　清代丝织工艺在明代的传统基础上，得到了极大的发展，并形成了不同的地方体系。而清宫廷丝织工艺不但继承了古代丝织工艺，而且还汇集了全国各地的丝织工艺精华，丝织花色品种多，织造技术完善成熟。其主要成就表现在织锦、刺绣和缂丝三种产品上。

　　清代宫廷织锦机构主要设立在四个地方，一是在北京，设有内织染局。二是在江宁（南京）、苏州、杭州，设有织造局。其中内织染局与江宁造织局专门生产"上用"缎匹，苏、杭织造局生产赏赐缎匹。这些地方的官方丝

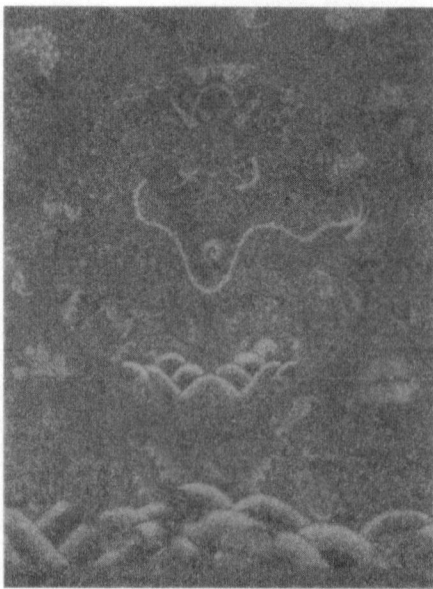

缂丝团龙，清宫用炕单局部。

缂丝耕织图（局部）

织工场规模庞大，分工细，产品品种花色多，一般是"根据用途不同而各有定式"。江宁主要生产云锦，苏州杭州主要生产宋锦。以苏州织造的宋锦为例，其品种包括袍、挂、披肩、领袖、驾衣、伞盖、飘带、佛幡、经盖、被褥、补子、战甲等，其中每种产品都有多种不同的装饰花纹，仅"补子"而言，就有20多种，如仙鹤、锦鸡、孔雀、云雁等。

宫廷丝织技术达到顶峰。雍正时期织锦多吸取传统工笔重彩勾线退晕方法，使其色彩富于深浅变化，达到自然丰富、优美和谐的效果，与同时陶瓷制造中的粉彩有异曲同工之妙。到乾隆时，罗科科纹样的大量引进，被应用于染织工艺中，使织

彩织极乐世界图轴

锦工艺开始重视明暗渲染，而不重勾线，风格上又有了新的变化。清代宫廷刺绣也是来自上述四个织造局，其中北京内织染局和苏州织造局为最主要生产工场，图样是由如意馆宫廷画师所绘，大多规整严谨，装饰性强。产品种类丰富，皇室服饰、官僚朝服、乘舆仪仗、室内装饰、床上用品等都有种类不同的刺绣装饰品。其风格特点是豪华富丽，精致工巧，所绘图案大多寓意吉祥如意，甚至还采用孔雀尾羽和金银珠宝来装饰。

缂丝主要产自苏州。清代苏州织造局负责织造或采办缂丝，以供宫廷需要。清代宫廷缂丝技术提高，幅面增大，应用更广，如服装帐幔、坐垫椅披、封面装裱、名人字画、仙佛神像等，都采用缂丝作品。

清代宫廷丝织工艺的高度发展，体现了我国丝织技术的最高成就。清末宫廷丝织业逐渐衰落，民间丝织工艺吸收宫廷丝织技术成就开始兴起。

清官学系统完备

　　尽管书院发展兴旺，但清代的官学仍占据当时学校教育的主要地位。官学分为中央官学和地方官学两大系统，辅以严格的教学内容和完善的考试制度，达到空前完备的状态，并形成了形式多样、分布深广的特点。

　　中央官学分为三大类型，即国子监（太学）、宗人府内务府和为朝考后教习庶吉士的翰林院庶常馆。

　　国子监是清代最重要的官学机构，顺治元年（1644年），清政府仿明初制，置祭酒、司业、监承、博士、助教等职，主掌教学。国子监肄业之所，分为率性、修道、诚心、正义、崇志、广业六堂，生源为各地方学校选送到国子监的贡生和监生组成，监生地位略低于贡生，贡生又分为岁贡、恩贡、拔贡、优贡、副贡、例贡，前五贡被视为科举之外的正途，有别于杂流。学生入监有一套严格的考试选拔制度。平时学生散居家中学习，只在堂期、季考、月课等时暂时齐集。学习期满，再经一年考核，方可获得入监资格。国子监除六堂二厅之外，还有算学、八旗官学、俄罗斯学、琉球学等名目。算学主要选八旗子弟入学修习算法；旗学主要选八旗子弟入学修习满书、汉书；俄罗斯学专为俄罗斯的陪臣子弟而设，由满汉教师教授汉语、满语及经史典籍。

　　国子监以外，清朝其他官学有隶属于内务府的景山官学、咸安宫官学、回缅官学，有隶属于宗人府的宗学、觉罗学，隶属理藩院的唐古忒学，隶属太医院的医生，隶属乐部的教坊司等等。内务府专收内府三旗作领、管领以下的幼童入学，而宗人府是宗室子弟学习的地方，只收觉罗宗室8至18岁的子弟，学习满书、汉书和骑射。

壁雍堂，是国子监的中心，清皇帝到国子监设座讲学之所。

清代的地方官学同样沿袭明代旧例，府、州、县、卫依次均设有儒学、阴阳学、医学，武学一般附属于儒学，顺天府却特设武学，曲阜还特设女氏学，专对孔、颜、曾、孟四子后人施教。雍正十一年后，各地奉旨设置书院，成为地方官学的重要补充形式。地方官学的生源由童生经考试选拔而来。士子入学前称童生，初入学者称为附生，附生经过考试，优等者为廪膳生，供给膳食，次等者则为增广生。这些地方学校由各省督学道总管，府设教授，州设学正，县设教谕各一人，主持学务，并设训导一职协助教学。地方官学同样有坐学肄业和考勤制度，每月月试一次，以积分品评等次。生员或者被贡入国子监，或者通过乡试、会试，最终获得廷试资格。

清代官学不论中央还是地方，都是混取应试科举或挤入贡途资历的预备场所。由于官学生员的仕途出路颇为优广，因而吸引了历朝无数士子。

民间手工业勃兴

清代以来，统治者明确宣布废除元代以来的匠户制度，除豁各直省匠籍，免征京班匠价。这样，官府手工工场所需工人就必须由各地方官征募自愿充役者来充当。由于劳力的不足，清官府手工业渐渐没落，代之而起的是民间手工业的勃兴。民间手工艺在规模和经营形态上都取得了迅速的发展。

棉纺织业是中国总体规模最大的手工业，随着民间手工业的兴盛，在某些地区——以苏州、松江为典型，棉纺织业已发展为商品性生产，但是仍未实现纺和织的分离，故清代棉纺织业未能摆脱传统耕织结合模式中的副业地位，产品大多自用或仅成为地方性市场上的交换品，与丝织业相比，它更具民间的性质。

传统的丝织中心苏州、杭州等地到康熙时期已经恢复了明代后期所呈现出的繁荣景象，雍正、乾隆时期更是盛况空前，在此基础上，建立了机工和

清嘉庆道光年间四川成都制造的蜀锦机

机户的比较固定的雇佣关系，同时，也存在着大量的临时待雇机工。除苏、杭两地外，广东广州和佛山两地的丝织业也迅速崛起，丝织规模发展甚快，所产丝绸，"金陵、苏、杭皆不及"（乾隆《广州府志》）。清代丝织业的发

清任熊绘《素女九张机》

达，使之有由乡镇向大城市集中的趋势，并伴随着商业资本的发达，商人支配生产的事例也屡见于记载，许多资本雄厚的商人都自设织机雇工经营丝纺织业。

另外，在采矿、冶铸和井盐工业中也出现了规模较大的工场手工业。清朝前期曾有"矿禁"规定，但并未真正取消民营矿冶业。到乾隆时期，禁令全部取消，政府还鼓励提倡民间商人开矿。于是矿业大发展，在陕南、佛山、云南等地出现了规模较大的经营方式。另一项生活必需品盐的生产规模随着人口激增而日益扩大。在 18 世纪中，全国产盐总量为 20 亿斤以上，与之相伴随的是盐场规模不断扩大，而盐场所需劳动力大多由雇佣而来。

清民间手工业的兴盛体现于各行各业。民间手工业的勃兴，孕育着资本主义生产方式的萌芽，在文化史上具有深远的意义。

乾隆首次南巡

《乾隆南巡图》卷中到达杭州西湖的情景

乾隆十六年（1751年）正月，以督察河务海防、考察官方戎政、了解民间疾苦以及奉母游览为由，乾隆皇帝效法圣祖康熙六次南巡而首次南巡江浙。

乾隆帝先后诏免江苏、安徽、甘肃乾隆元年至十年逋赋及浙江本年额赋，共银347万余两，粮100万余石。

正月13日，乾隆奉皇太后离京，由陆路经直隶、山东至江苏清口。2月8日，渡黄河阅天妃闸、高家堰，诏准动帑兴修高堰大坝里坝等处石工73丈5尺。经过淮安，命将城北一带土堤改建石工，以资保障。然后由运河乘船南下，经扬州、镇江、丹阳、常州至苏州，谕三吴士庶各敦本业，力屏浮华。3月，至杭州，参观敷文书院，颁赐江浙各书院殿版《十三经》《二十二史》。然后登观潮楼阅兵，遍游西湖名胜，渡钱塘江至绍兴祭大禹陵。同时谕令原任大学士陈世倌仍旧入阁办事，特赐献诗考中之蒋维植、钱大昕、吴烺等为举人，授为内阁中书。回銮时，绕道江宁（今南京）祭明太祖陵，并阅兵。奉皇太后亲至织造机房观织。随即沿运河北上，至蒋家坝、高家堰阅视河工，定洪泽湖五坝水志。4月，从陆路至泰安，祀岳庙拈香。5月4日，返抵圆明园。此次南巡，从京师至杭州，往返行程水陆共计5800里，历时5月余。

乾隆第二次南巡

乾隆二十二年（1757年）正月，乾隆帝奉皇太后启銮出京师，开始第二次南巡。

2月5日，渡河，至天妃闸，阅木龙。13日，渡江，诣范仲淹高义园。20日，至苏州府，奉皇太后临视织造机房。阅兵于嘉兴府后教场及石门镇。27日，奉皇太后至杭州府，传谕兵营今后只许用钲鼓铜角。3月18日，奉皇太后至江宁府，亲祭明太祖陵。28日渡河。4月4日，至徐州阅视河工，见所过桃源、宿迁、邳州、睢宁等处，百姓鹑衣鹄面，相望于道，遂降旨赈期展至五月，截留漕粮，以备平粜，又将积欠籽种、口粮全行

《乾隆南巡图》德州演戏部分

《乾隆南巡图》前门启程部分

免去。随后亲阅高堰、清口、徐州等处工程，与司河务诸臣筹酌，将所有应疏应筑各项，以工代赈，同时并举，分任大臣，以专其事。5日，至孙家集阅视堤工，命将高堰、武象墩面北一带河堤改用砖砌。6日，渡河，至荆山桥、韩庄闸巡视。10日，至曲阜谒孔林。26日，还京师至圆明园。

乾隆第三次南巡

乾隆二十六年（1761年），黄河决口15处，乾隆帝曾亲临指挥治河工程。图为封丘当年决口处的坑塘遗迹。

乾隆二十七年（1762年）正月初二，乾隆帝第三次南巡。行前，诏免江南三省积欠钱粮。12日，离京，免经过直隶、山东地方本年额赋十分之三，受灾地方十分之五。2月，赈江苏高邮、安徽太和等十六州县水灾。8日，奉太后渡河，阅清口东坝、惠济闸，登舟巡视河堤。15日，对两淮盐商恩赐有加。17日，至焦山阅京口水师。至苏州，谒文庙行礼。3月1日，奉太后至杭州。次日，至海宁阅海塘，旋登观潮楼，阅福建水师。赐浙江诏试贡生沈初等二人举人，进士孙士毅等二人并授内阁中书。10日，临视织造机房。26日，祭明太祖陵。幸两江总督尹继善官署。赐江南诏试诸生程晋芳等五人举人，与进士吴泰来等三人并授内阁中书。29日，渡江。四月，阅高家堰，谕令济运坝至运河口五百余丈土堤一律接建砖工，并规定高堰五坝水志。回銮至河，命庄亲王允禄等奉皇太后，由水路回程。自登陆由徐州阅河工。旋阅峄山湖，至邹县祭孟子庙。再至孔庙行礼，谒孔林，登泰山，至玉皇顶拈香。免山东齐河等四十四州县卫所上年水灾额赋。至德州行宫，迎送皇太后登舟，命刘统勋会勘景州疏筑事宜。5月，至涿州，赈灾免赋。四日，回京住圆明园。

乾隆第五次南巡

　　乾隆四十五年（1780 年）正月 12 日，乾隆帝从京师出发，开始第五次南巡。扈从的有王公大臣、蒙古王公台吉、直隶官员、回部郡王台吉、四川土司等。这次南巡的目的，乾隆帝说是"省方观民，勤求治理"。南巡途中，他多次颁发谕旨，蠲免所有经过直隶、山东等地的本年应征地丁钱粮的十分之三；凡老民老妇，均加恩赏赐，以示优老引年至意。经过山东时，他派遣官员至曲阜祭祀了先师孔子。沿途他还遣官祭祀已故河道总督靳辅、齐苏勒、大学士嵇曾筠、高斌等祠，并亲自视察清口东坝等地堤工。此外，他还在杭州、江宁等地阅兵，召见和加恩江浙地区的士绅，拜谒了明太祖朱元璋孝陵，颁布了移风易俗的谕示。5 月 9 日，乾隆帝返回京师。

乾隆南巡图，描绘乾隆十六年（1715 年）乾隆南巡途中的见闻。此为北京前门段。

象牙雕出现江南广东两大派

清统治者十分重视工艺美术品的生产，并特设内府造办处，专门制造供王公贵族欣赏和使用的工艺品，其中就有制作象牙雕的"牙作"，集中了许多民间的雕刻家，专管雕制宫廷所需象牙雕工艺品。

在清代造办处的如意馆供职的象牙雕匠主要来自江南与广东两地，又因师承与风格不同，形成了江南、广东两大流派。

江南派主要代表人物以嘉定派竹刻名家为主。雍正时期有封岐、封镐、施天章、顾继臣、叶鼎新、陆署名等，他们大多能书善画，既刻竹，也雕刻其他材料，如象牙、木、犀角等，风格清新奇峭，气韵生动。代表作品有象

清象牙镂雕花篮　　　　　清象牙镂雕香筒　　　　　清象牙雕云龙纹火镰套

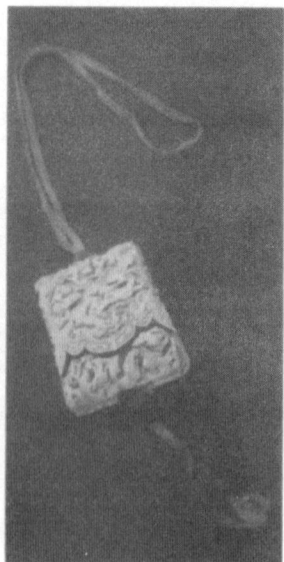

清象牙雕回文葫芦式花薰

清象牙雕精品月曼清游册

牙雕山水人物方笔筒、罗汉渡海图臂阁、松鼠葡萄笔洗、竹石圆盒等。乾隆时期有李裔广、张丙文等人，也属江南派牙雕名家。

广东派的象牙雕匠人多来自于广东，雍正时期有陈祖章、屠魁胜等，乾隆时期有杨维占、陈观泉、司徒胜、董兆等。其风格以纤细精美为特征，象牙制品以雕刻镂空活动象牙球著称，代表作有象牙灯、象牙席等。象牙灯的构件除框、柱、顶、檠、底托之外，其照明部分是把极薄的象牙片精雕细刻成细网眼，灯上用茜色象牙图案装饰。象牙席，是先用特制工具做出象牙丝，然后编织而成。

清代中后期，宫廷工艺衰落，民间象牙雕则开始兴起，两大象牙雕刻流派的技艺与风格也传入民间。

漆器工艺转入民间

清代中期宫廷漆器工艺达到顶峰，民间漆艺也在发展。清中叶后，宫廷漆艺技术传入民间，促进了民间漆艺的发展，再加上海外出口需求增大的刺激，民间漆艺渐渐形成不同特色和地方风格，尤以北京、扬州、福建等地的漆器最为有名。

北京漆器工艺受宫廷雕漆技术影响，以生产雕漆而著名。所用模型有木胎、锡胎、铜胎，雕刻图样有山水、花鸟、人物，品种有剔红、剔黄、剔黑、剔彩等，制作精美，风格富丽，京味十足。

扬州漆器工艺多采用镶嵌手法，主要品种有百宝嵌和螺钿镶嵌。百宝嵌是以各种珍贵材料，利用其天然色泽，雕镂拼镶于漆地之上，使珍宝镶嵌与漆器相结合，互相衬托，相得益彰。螺钿镶嵌即用扬州螺钿加工后拼镶在漆地上，以点螺最有特色。其制作方法是：先将优质贝壳制成细小软薄的点、线、片，然后按一定的构思设计一点一点地拼镶在漆地上，最后刷漆，推光，显出螺片。点点螺片在黑漆地上闪烁五彩虹光，异常精致纤巧。

乾隆年间嵌螺钿葵花形黑漆盒

福州漆器工艺则采用脱胎技术，所以福州漆器又称福建脱胎。其制作方法是：先用泥作成模型，再用布或绸粘贴，然后上漆，运用多种漆艺技法来装饰，器体轻巧大方，纹饰华美，色泽鲜丽。

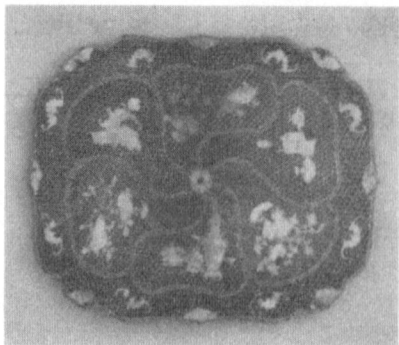

"四王"垄断清初画坛

清人关后，大力提倡绘画艺术，也设立画院。清代画家人数之多，流派之杂，形式技法之变，都比前代尤甚，其中以董其昌的"松江派"势力最大，其代表画家就是王时敏、王鉴、王原祁、王翚，画史上称为"四王"，因为他们的笔墨技法以临古为主，所以画坛上也称他们为"正统画派"。

"四王"画派在画风上具有工整稳健、明净清润的共同特色。他们迷信笔情墨韵的效果是画家的素养以至创作的最终目的，在平淡安闲的理想境界中体现出所谓的"士气"和"书卷气"。他们的笔墨技法也是在反复观临古人的作品，总结古人笔墨布局上的成就之后发展起来的。正统画派由于过分重视笔墨技法，忽视了对自然山水的观察，因此他们的作品往往缺乏主观情致的抒发，前人的技法规则变成束缚自己的清规戒律。"四王"

《仿高房山云山图》轴。王原祁绘。

都以山水见长，皇室权臣对其大加鼓吹、提倡，一时被奉为正宗，风靡朝野，代表着清初画坛的主流。"四王"中又可分为两支：一是太仓王时敏、王原祁祖孙，独师黄公望法，画法细腻精致，追随者很多，世称"娄东派"；一是太仓王鉴、常熟王翚师徒，并不专仿某家，能够兼容并蓄，虽然仍不能脱离古人窠臼，却能在一定程度上抒发自己的感受，尤以王翚成就突出，学者称之为"虞山派"。

王时敏（1592年—1686年），字逊之，号烟客，晚号西庐老人，江苏太仓人。崇祯（1628年—1644年）初以恩荫仕至太常寺奉常。清兵南下时，王时敏在太仓迎清兵入城，所以深得清朝统治者的优遇。有学者认为"四王"画派之所以被指为正统派，与王时敏这种政治态度不无关系。据说，王时敏少年时就为董其昌、陈继儒赏识，成为"画中九友"之一。他富于收藏，每次遇到名迹，总是不惜以重金收买。他对于古人传统的学习极为刻苦，曾经把古人有代表性的作品缩小摹绘共24幅，装裱成一巨册，出入随身携带，反复体会古人用笔运墨之道。王时敏的山水主要师法于黄公望，用笔含蓄，笔墨圆润醇厚，风格苍秀，但丘壑少有变化，大多是模拟之作。他的代表作为《仿黄公望山水图轴》《浮岚暖翠图轴》《秋山白云图轴》等。

王鉴（1598年—1677年），字圆照，自号湘碧，又号染香庵主，江苏太仓人，曾做过廉州太守，故而世称"王廉州"。他的早期山水大多是仿古之作，他也宗法于黄公望，但又不拘泥于黄公望一家，又能上溯到董源、巨然，下仿董其昌；他还善画青绿设色山水，艳丽秀润，明朗洁净，自具风貌。他的代表作有《长松仙馆图轴》《仿黄公望山水图轴》《仿巨然山水图轴》《夏日山居图轴》等。

王原祁（1642年—1715年）字茂京，号麓台，石师道人，江苏太仓人。他是王时敏的孙子。康熙进士，由知县擢翰林、户部右侍郎，甚得康熙帝的恩宠，供奉内廷，为宫廷作画和鉴定古画，任《佩文斋书画谱》纂辑官和《万寿盛典图》总裁。王原祁的山水自幼在王时敏、王鉴的指导下以摹古为方向，早年深得家学，尤皈依黄公望之法，面目和王时敏相类似，但更喜用干笔焦墨，层层皴擦，用笔沉着，自称笔端有"金刚杵"。他设色长于浅绛，其重彩之处，青绿朱赭，相映鲜明，有独到之处，具有"熟不甜，生而涩，淡而厚，实而清"的艺术特色，功力很深厚，只是丘壑缺少变化。他的代表作品有《华山秋色图轴》《仿董巨山水轴》《仿黄公望夏山图轴》《溪山别意图轴》等。王原祁由于受到皇室恩宠，官高权重，声势煊赫，追随者很多，王时敏开创的"娄东派"，到他这里几乎独霸当时画坛。

《仿古山水册》。王鉴绘。

王翚（1632年—1720年），字石谷，号耕烟山人，乌目山人，清晖主人，江苏常熟人。少时即承家学，酷爱绘画，专学仿古山水技法，后师从于王鉴、王时敏，相随游历大江南北，观摩宋元名家巨迹，画艺精进，遂成一代大家。康熙三十年他奉敕绘《南巡图》，深得皇帝赏识，于是声名鹊起，晚年甚至有"画圣"之誉。王翚的山水画，早年多仿黄公望，也临摹荆关、王蒙，却不拘泥于个别大家和派系的风范，广采博览，冶各家技法于一炉，也不像其他三家虽博采众长，但仍以黄公望为归依。清人周言工说他"天资高，年力富，下笔可与古人齐驱，百年以来，第一人也"。王时敏则赞扬他"罗古人于尺幅，萃众美于笔下者，五百年来，从未之见，惟吾石谷一人而已"。王翚的作品虽多仿古，但在一定程度能把临古与写景相结合，有一定的生活气息与实境的感受，风格清丽深秀，晚年略为奔放，有苍茫之致，但用笔略嫌刻露草率，显得含蓄不足。他的代表作有《仿赵大年水村图轴》《秋树昏鸦图轴》《夏木垂阴图轴》《仿黄子久富春山居图卷》《沧浪亭图卷》等。由于王翚的画学成就极高，又受到皇帝的器重，所以从学者很多，形成"虞山派"，极大地影响了清初的画风。

历史小说繁荣

清初到清中叶的 100 年间，由于社会动荡不安，民族矛盾尖锐激烈，一些小说家只好取材于历史或传说，托古寓今，历史小说有了突出的发展。历史小说包括历史演义和英雄传奇，著名的有《水浒后传》《说岳全传》《隋唐演义》《说唐演义全传》等。

《水浒后传》作者陈忱（生于 1615 年，卒年不详），字遐心，号雁荡山樵，浙江吴兴人。他写此书时用"左宋遗民"为笔名以示民族气节。小说共40回，是《水浒全传》的续书，描写梁山英雄李俊、阮小七等在宋江死后再度起义，最后在李俊领导下飘洋过海创立基业的故事。一方面反映了作者在故国沦亡后无奈的情绪，另一方面也寄予了对当时在台湾坚持抗清的郑成功的希望。小说的情节设计不乏精彩之处，人物塑造也取得一定成功，但总的来说思想性、艺术性都不如《水浒全传》。

《说岳全传》题为钱彩编撰。全书 80 回，一方面吸收前人小说之长，一方面又博采民间传说，故事性极强，人物形象鲜明，尤其是岳飞的形象更是血肉丰满，深入人心。小说还塑造了一批颇有个性的绿林好汉，如牛皋的形象在某种程度上甚至超出了李逵。但书中封建正统观念、愚忠愚孝思想比较浓厚。

《隋唐演义》作者褚人获，苏州人。小说采撷有关小说、史书和民间传说编写而成，写隋文帝起兵到唐明皇去世间 170 余年事，暴露了宫中醉生梦死、争权夺利的情形，但作者思想浅薄，对历史本质缺乏认识，加上封建正统思想、因果轮回观念的宣扬，使小说成就不高。

《说唐演义全传》以瓦岗寨群雄际会为中心，以相当篇幅揭露了隋统治者荒淫无耻给人民带来的深重苦难，揭示了隋代灭亡的社会根源，同时在李世民身上寄寓了"仁政"的理想。

清初历史小说作品很多，民间还有《说唐后传》《征西说唐三传》等，但由于作者思想深度不够，总体成就远不及《三国演义》《水浒全传》。

《隋唐演义》插图·清夜游昭君出塞

世情小说盛行

清前期，继承了明代《金瓶梅》文人独创小说传统，世情小说呈现两大支流——才子佳人小说和以婚姻家庭生活为题材的小说都空前盛行，出现了不少著名的作品。

才子佳人小说，描写文人美女的恋爱故事，以《玉娇梨》《平山冷燕》《好逑传》《定情人》为代表。《玉娇梨》写才子苏友白与佳人白红玉、卢梦梨战胜小人挑拨，终成眷属的故事，全书情节曲折，人物性格鲜明。《平山冷燕》叙述平如衡与冷绛雪、燕白合欠与山黛几经坎坷，终于结合的故事，书中表现了文人学士以才自恃的精神风貌。《好逑传》又名《侠义风月传》，写名门出生的铁中玉和水冷心在坚持正义的斗争中邂逅相爱，共同抵抗小人挑

《芥子园画传》。沈心友摹，王概兄弟绘。沈心友，清代戏曲家李渔的女婿，芥子园是李渔在南京的别墅，故名。部分插图采用多次彩色套印。这是初学绘画的必备画谱。

拨结为夫妻的故事。《定情人》情节不脱一般才子佳人故事的俗套，但明确标举自由婚配的观念，具有进步意义。

以婚姻家庭生活为题材的小说直接继承《金瓶梅》风格，专写市井家庭琐事，代表作有《醒世姻缘传》和《歧路灯》。《醒世姻缘传》写一个冤仇相报的两世姻缘故事，刻划了各阶层人物的生活状况，并暴露了现实政治的黑暗腐朽。《歧路灯》写书生谭绍闻堕落腐化，又浪子回头的故事，小说运用方言俗语，生动诙谐，多姿多态。

世情小说在清代前期的发展，标志着小说家的审美趣味从历史故事和神魔世界更多地转向了现实社会，但是由于作家们的思想局限，这些小说虽然在艺术上各有千秋，某些方面也具有进步意义，但总体来说没有达到一个更高的艺术境界。直到乾隆年间，《红楼梦》的出现，才尽采才子佳人小说和婚姻家庭小说之长，力避二者之短，奇峰突起，达到了其他中国古典小说不可逾越的高峰。

《华氏琵琶谱》编成

清代以前，琵琶艺术在我国已经过大约 1200 年的发展过程，出现了一些独奏乐曲，但还没有曲谱刊刻。清初，琵琶艺术进入了新的繁荣时期，演奏水平提高，曲目增多，文人中出现了一批琵琶艺术家，并初步形成流派。更重要的是这时出现了琵琶乐谱刊刻本《华氏琵琶谱》。

《华氏琵琶谱》是乾隆至咸丰年间琵琶艺术家华子同、华秋蘋兄弟和裘晋声等 9 人编订的琵琶曲谱，本名《琵琶谱》，后改名为《南北二派秘本琵琶谱真传》，简称《华氏琵琶谱》。华秋蘋名文彬，字伯雅，江苏无锡人。他精于琵琶，又擅长琴艺和昆曲，多才多艺，被尊为无锡派琵琶宗师。

《华氏琵琶谱》分 3 卷，卷上收北派王君锡传谱 14 曲，包括大曲《十面埋伏》；卷中收南派陈牧夫传谱 49 首；卷下收陈牧夫传谱 5 首，均为大曲，有《将军令》《霸王卸甲》《海青拿鹤》《月儿高》《普庵咒》5 曲。这些大曲至今仍然广为流传，具有极高的艺术价值。在《华氏琵琶谱》的编订过程中，华子同四处收集南北各派曲谱，并加以修订整理，而华秋蘋的主要贡献则在辑录指法、确立符号和审订方面。比起较早的一素子手写本《琵琶谱》（乾隆二十七年，1762 年），《华氏琵琶谱》指法符号更为清楚明确，解释用语也具体生动。

《华氏琵琶谱》对于琵琶指法、谱式的确立，对于琵琶艺术的发展、琵琶艺术社会地位的提高都产生了重要作用，为后世所尊奉，直至今日仍受到重视。